중학생을 위한

표준
한국어

학습 도구

마리북

중학생을 위한

표준
한국어

국립국어원 기획·심혜령 외 집필

학습 도구

마리북스

발간사

　다문화가정 학생 수는 매년 증가하여 2018년 12만여 명에 이릅니다. 그런데 중도입국자녀나 외국인 가정 자녀와 같은 다문화 학생들은 학령기 학생에게 기대되는 한국어 능력 수준에 이르지 못하는 경우가 많습니다. 이는 다문화 학생이 교과 학습 능력을 갖추지 못하거나 또래 집단 문화에 적응하지 못하는 결과로 이어지고, 결국 한국 사회에 안정적으로 정착하는 데 어려움을 겪는 주요한 원인이 됩니다. 따라서 다문화 학생을 위한 교육 지원은 보다 전문적이고 체계적으로 이루어져야 합니다.

　학령기 한국어 학습자를 위한 정부 지원은 교육부에서 2012년에 '한국어 교육과정'을 개발하여 고시하였고, 국립국어원에서 교육과정을 반영한 학교급별 교재를 개발하면서 본격적으로 이루어졌습니다. 그 후 '한국어 교육과정'이 개정·고시(교육부 고시 제2017-131호)되었습니다. 이에 국립국어원에서는 2017년부터 개정된 교육과정에 따라 한국어 교재를 개발하고 있으며, 그 첫 번째 결과물로 초등학교 교재 11권, 중고등학교 교재 6권을 출판하게 되었습니다. 교사용 지도서는 별도로 출판은 하지 않지만 국립국어원 한국어교수학습샘터에 게시해 현장 교사들이 무료로 이용할 수 있게 하였습니다.

　이번 교재 개발에는 언어학 및 교육학 전문가가 집필자로 참여하여 한국어 교육의 전문적 내용을 쉽고 친근하게 구성하기 위해 노력하였습니다. 특히 이 교재는 언어 능력 향상뿐만 아니라 서로 다른 문화를 이해하여, 한국 사회 구성원으로서 정체성을 확립하는 데 도움이 되도록 개발하였습니다.

　아무쪼록 《표준 한국어》 교재가 다문화가정 학생들이 한국어를 쉽고 재미있게 배워서 한국 사회에서 자신의 꿈을 키워나가는 데 도움을 줄 수 있기를 바랍니다.

　끝으로 이 교재의 개발을 위해 최선의 노력을 기울여 주신 교재 개발진과 출판사에 깊은 감사의 말씀을 드립니다.

2019년 2월
국립국어원장 소강춘

머리말

　최근 우리 사회는 본질적이고도 구체적인 국제화, 다문화 시대를 맞이하고 있습니다. 국제결혼, 근로 이민, 장단기 유학, 나아가 전향적 방향에서의 재외 동포 교류, 새터민 유입 등의 여러 가지 요인에 의해 지금까지의 민족 공동체, 문화 공동체, 국가 공동체의 개념을 뛰어 넘는 한반도 공동체의 시대를 살아가게 된 것입니다.

　이 한반도 공동체 시대에 다양한 기반의 공동체 구성원들이 다 함께 행복하기 위해서는 사회가 보다 정의롭고 공정해야 하는데, 이를 위한 사회적 행동의 출발은 교육, 그중에서도 한국어 교육이라고 말할 수 있습니다. 특히 다문화 배경의 학령기 청소년, 이른바 KSL 학습자들의 경우, 이들 역시 우리 사회의 미래 주역이라는 점에서 우리 사회의 건강한 미래를 위해서는 이들 모두가 순조롭게 정착하고 공정하게 경쟁하여 발전할 수 있도록 의사소통 능력과 학업 이수를 위한 교육적 지원을 적극적으로 해 주어야 합니다. 이것이 바로 KSL 교육의 존재 이유이자 목표라 할 것입니다.

　다행히 우리 사회는 이 부분에 있어 사회적 공감과 정책적 구체화에 일찌감치 눈을 떠 이미 2012년에 '한국어 교육과정'을 마련하였고 그에 따라 한국어(KSL) 교육이 공교육 현장에서 시행되어 오고 있습니다. 그리고 몇 년간의 시행 끝에 보다 고도화되고 구체화된 교육과정이 2017년에 개정되었고 그 교육과정의 구체적 구현으로서의 교재가 새로이 개발되기에 이르렀습니다. 교과 내용 설계에 대한 이론적, 행정적 검토를 거쳐, 학교생활 기반의 의사소통 능력 강화를 위한 교육 내용과 학업 이수 능력 함양의 필수 도구가 되는 한국어 교육 내용을 확정하여 교재로 구현하게 된 것입니다.

　이 교재는 몇 가지 점에서 특별한 의미를 가지고 있습니다. 우선 체제 면에서 획기적인 시도를 꾀하였습니다. 이미 학습자 중심의 자율 선택형 모듈화 교육이 전 세계적으로 주목 받으며 새로운 교육 방법으로 자리 잡아 가고 있는 데에 발맞추어, 학습자와 교육 현장의 개별성에 맞게 활용할 수 있는 확장성과 활용성을 높인 '개별 교육 현장 적합형 모듈 교재'로 만들어 낸 것입니다.

　또한 이 교재는 학령기 청소년 학습자를 대상으로 하는 교재라는 특성에 맞게 디지털 교육 방법론을 적극 수용하였습니다. 모바일 및 인터넷 환경이 충분히 구비된 현실에서 모바일에 익숙한 청소년들의 흥미를 도모하면서 동시에 종이 교재의 일차원적 한계를 극복하여 보다 입체적인 교육이 가능할 수 있도록 구성하였습니다. QR 코드를 활용하여 공간을 초월한 입체적 확장을 꾀하면서 더 많은 정보를 선별적으로 받아들일 수 있도록 하였습니다. 또한 대화를 웹툰 형식의 동영상으로 구성하여 실제성과 재미를 더한 회화 교재 역할을 할 수 있도록 하였습니다.

 이 교재는 개정 '한국어(KSL) 교육과정'에서 설정한 〈의사소통 한국어〉와 〈학습 도구 한국어〉를 구체화하여 교육 내용으로 구현하였다는 점에서 의미가 있습니다. 이제 앞으로 학령기의 청소년 한국어 학습자들이 이 교재를 좇아 학습함으로써 학교 안팎에서 의사소통하는 데에 필요한 한국어 능력을 단계적으로 익혀갈 수 있게 되었습니다. 또한 단계별 한국어 능력에 맞춘 학습 능력 강화를 돕는 '학습 도구 한국어'의 구체적 구현도 교재를 통해 이루어 냈습니다. 학업 이수에 핵심이 되는 학습 활동과 사고 기능, 학습 기능 등을 한국어 단계에 맞게 설정하여 학습 도구 한국어 교재 내용으로 구현함으로써, 한국어(KSL) 교육에서 학습 도구 한국어란 무엇인가를 교재를 통해 확인할 수 있게 되었습니다.

 이렇듯 다문화 배경의 학령기 청소년이 공정하게 경쟁하며 꿈을 펼칠 수 있도록 학교 안에서 준비할 수 있는 기회를 주어야 한다는 인식 위에서 진행된 이번 교재 개발은, 여러 기관과 많은 관계자들의 지원과 노력이 없이는 불가능한 것이었습니다. 우선 이 새롭고 의미 있는 교재가 완성되기까지 지원을 아끼지 않으신 교육부와 국립국어원 관계자 여러분들께 깊이 감사드립니다. 또한 새 시대에 맞는 교재를 만들어 보자는 도전 의식과 책임감을 가지고 밤낮없이 연구하며 이 교재를 개발, 완성해 온 집필진 모두에게 진심에서 우러나오는 감사를 드립니다. 더불어 시대의 흐름과 청소년 학습자 선호도에 맞춘 편집과 그림 및 동영상으로 새 시대 교재의 획을 그어 주신 출판사 마리북스에도 감사의 말씀을 드립니다.

 이 교재 집필진 및 관계자와 이 사회 구성원 모두의 지지와 염원이 담긴 본 교재가 다문화 배경을 가진 청소년들이 우리 공동체 속에서 동등하게 살아가며 자신의 꿈을 실현하는 데 중요한 역할을 할 수 있기를 희망합니다.

2019년 2월

저자 대표　심혜령

차례

일러두기

《중학생을 위한 표준 한국어》(학습 도구) 교재는 다문화 배경을 가진 중학생들이 학업을 수행하기 위해 요구되는 가장 기초적이고 기본적인 학습 기능을 학습할 수 있도록 설계되었다. 총 16개의 단원이며, 원활한 중학교 학업 수행을 위한 디딤돌 역할을 해 줄 교과 관련 주제와 텍스트, 활동으로 구성하였다.

[구성]

- 교재의 각 단원은 '학습 활동 소개', '학습하기', '지식 더하기'로 구성되어 있다.
- '학습하기'는 '학습 텍스트', '어휘 확인하기', '내용 확인하기', '기능 확인하기', '활동하기'로 구성되어 있다. 〈학습 도구〉 교재는 〈의사소통 3, 4〉의 '꼭 배워요'와 연계되는 동시에 '더 배워요'와 대응되는 영역이다. 〈의사소통 3, 4〉의 16개 단원과 〈학습 도구〉의 16개 단원은 각각 연계되어 있어 교육 현장의 상황에 따라 〈의사소통〉의 '더 배워요'와 〈학습 도구〉 중에 하나를 선택할 수 있다.

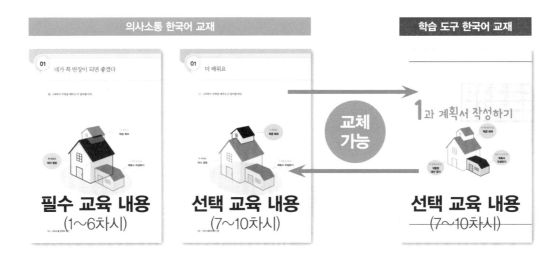

[교재 활용 정보]

- 교재 사용의 순서나 방법의 예를 들자면 다음과 같다.
- 한국어 교과 운영을 위한 시간이 충분히 확보되어 있는 교육 현장의 경우는 〈의사소통〉 교재의 '꼭 배워요', '더 배워요'와 〈학습 도구〉 교재를 모두 차례대로 사용할 수 있다.
- 의사소통 능력의 신장이 시급한 교육 현장의 경우라면, 〈의사소통〉 교재의 '꼭 배워요'와 '더 배워요'를 우선적으로 다룬 뒤 〈학습 도구〉를 부가적으로 다룰 수 있다. 교과 학습이 강조되는 교육 현장이라면 〈의사소통〉의 '꼭 배워요'와 〈학습 도구〉를 조합하여 교육함으로써 한국어 학습 기간을 단축하면서도 교과 학습의 준비를 할 수 있도록 하는 것이 가능하다. 만약 학습자의 의사소통 능력이 일정한 정도 이상이라고 파악되는 경우라면 〈학습 도구〉 교재만으로도 수업을 진행하는 것이 가능하다.

[단원의 구성]

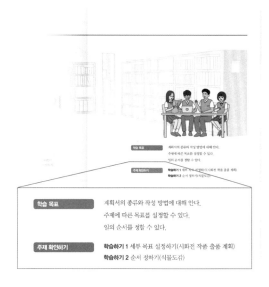

도입

- '도입'에서는 단원 전체의 내용을 조망할 수 있도록 하였다.
- 단원의 제목은 해당 단원에서 목표로 하는 학습 활동으로 정하였다.
- 단원에서 구현하고자 하는 학습 목표와 주제를 구체적으로 제시하였다.
- '도입'의 '집'은 각 단원에서 구성하고 있는 교육 내용을 시각화한 것이다. 이를 통해 단원의 각 영역에서 무엇을 배우는지 확인할 수 있으며, 단원의 전체 구성 및 각 교육 영역의 성격 또한 파악할 수 있다.

학습 활동 소개

- 해당 학습 활동의 절차와 과정, 방법 등을 시각화하여 구성하였다.
- 학습 활동에 따라 순서도를 구성하기도 하고 요령 등을 요약하여 제시하였다.
- 학습 기능에 대한 정보도 제공하여 해당 단원에서 구체적으로 어떤 기능을 학습하는지 명시하였다.

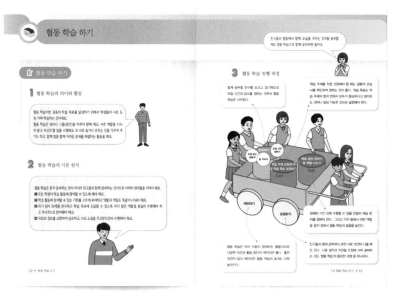

일러두기

학습하기

- 각 학습 기능의 특징이 잘 드러나는 시각화 및 매체화가 이루어진 텍스트로 구성하였다.
- 텍스트 주변에는 각 학습 기능의 개념이나 정보, 요령 등이 제시되어 있다.
- '어휘와 문법'에는 해당 텍스트에 제시된 새로 나온 '학습 도구 한국어'의 어휘 및 문법이 제시되었다.

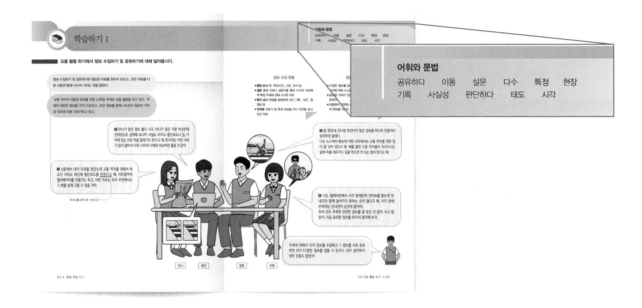

- '어휘 확인하기'는 해당 텍스트에 제시된 새로 나온 '학습 도구 한국어' 어휘를 활용해 괄호에 알맞은 어휘를 채워 문장을 완성하는 활동으로 구성하였다.
- '내용 확인하기'는 해당 텍스트의 내용 이해를 확인하는 문제로 구성하였다.

- '기능 확인하기'는 학습자가 학습 텍스트에서 해당 학습 기능이 구현된 부분을 찾거나 해당 기능의 정의 및 방법에 대한 지식을 확인하는 문제로 구성하였다.
- '활동하기'는 해당 학습 기능의 수행 가능성을 확인하는 활동과 학습 기능을 활용하여 단원의 학습 활동 일부를 수행할 수 있는지를 확인하는 과업으로 구성하였다.

지식 더하기

- '한국어 교육과정'의 '교과 적응 한국어'는 본 교재 내용의 다음 단계에서 이루어지게 되어 있지만 '교과 적응 한국어' 교육 내용에 대해 교육 현장에서 다소나마 이해할 수 있도록 하기 위해 모바일 기반 교육 자료로 제공하였다.
- 단원의 주제 및 학습 텍스트 소재와 유관한 '교과 적응 한국어' 어휘를 제공하여 학습자들의 학습 한국어 능력을 보다 향상하고자 하였다.

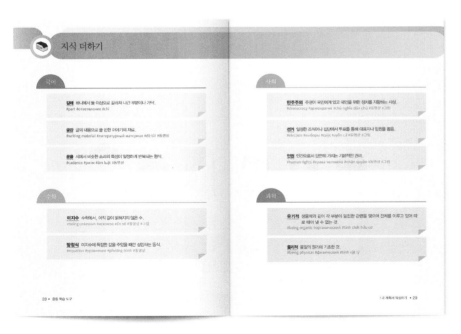

등장인물

| 이름: 와니
출신: 필리핀
나이: 14세 | 이름: 안나
출신: 우즈베키스탄
나이: 14세 | 이름: 선영
출신: 한국
나이: 14세 | 이름: 정호
출신: 중국
나이: 14세 |

이름: 호민
출신: 베트남
나이: 14세

이름: 영수
출신: 한국
나이: 14세

이름: 김하나
출신: 한국
직업: 선생님

이름: 이진영
출신: 한국
직업: 선생님

내용 구성표

단원	주제	꼭 배워요(필수)		더 배워요(선택)		학습 도구(선택)	
		어휘	문법	기능	부가 문법	학습 활동	학습 기능
1	의사 결정	■성격 관련 어휘 ■의사 결정 관련 어휘	■-으면 좋겠다 ■-기 위해서 ■-어 보이다 ■-는 편이다	■추천하기 ■주장하기	■-어야지 ■-다고 생각하다 ■-어야겠-	계획서 작성하기	■세부 목표 설정하기 ■순서 정하기
2	환경 미화	환경 미화 관련 어휘	■-도록(목적) ■-을 테니(까) ■-는 대신에 ■-어 놓다/두다	■제안하기 ■요청하기	■-을지 ■-어 드리다	협동 학습 하기	■제안하기: 학습 주제 제안하기 ■조정하기: 학습 범위 조정하기
3	과제	과제 관련 어휘	■-잖아(요) ■-어 가다 ■-으려면 ■-어도	■계획하기 ■문제 해결하기	■이나 ■-거든(요)	보고서 쓰기	■요약하기 ■정교화하기
4	또래 모임	■모임 관련 어휘 ■감정 관련 어휘	■-자마자 ■-고 말다 ■-는다고 ■-느냐고	■경험한 일에 대해 이야기하기 ■감정 표현하기	■-었었- ■-는구나	모둠 활동 하기	■정보 수집하기 및 공유하기 ■토의하기
5	독서	독서 관련 어휘	■-나 보다 ■-을 텐데 ■-으라고 ■-자고	■정보 교환하기 ■감상 표현하기	■이라도 ■-은 결과 ■-는 바람에	책 읽기	■주제 찾기 ■추론하기
6	소통	통신 관련 어휘	■-고 나다 ■-는 중이다 ■-는다면 ■-을 수밖에 없다	■정중하게 부탁하기 ■안내하기	■-대 ■-내	필기하기	■메모하기 ■분류하기
7	여행	여행 관련 어휘	■-어 가지고 ■-어 오다 ■-거든(요) ■-어 있다	■여행 정보 구하기 ■걱정하기	■-래 ■-재	복습하기	■구성 요소와 속성 확인하기: 배운 내용 전반에 대한 내용 확인하기 ■핵심 정리하기: 핵심 내용 분석해 내기
8	생활 체육	생활 체육 관련 어휘	■만 아니면 ■-었더니 ■-는 만큼 ■-느라고	■자랑하기 ■변명하기	■-는 척하다 ■-기는	점검하기	■양상 확인하기 ■관계 파악하기

단원	주제	꼭 배워요(필수)		더 배워요(선택)		학습 도구(선택)	
		어휘	문법	기능	부가 문법	학습 활동	학습 기능
9	공부(학습)	학습 관련 어휘	■-어서 그런지 ■-는 줄 알다/모르다 ■-었더라면 ■-으려다가	■묻고 답하기 ■후회하기	■-다니 ■에 비하면	문제 풀기	■문제 해결하기 ■오류 확인하기
10	안전·보건	재난과 질병 관련 어휘	■-는다거나 ■피동 표현 ■-을 뿐만 아니라 ■던	■대처 방법 지시하기 ■질병 예방법 설명하기	■으로 인해 ■-고서	발표하기	■표현하기 ■재구조화하기
11	고민 상담	고민 관련 어휘	■-는 대로 ■-는다면서 ■-고 보니 ■-을걸	■조언 구하기 ■도움 요청하기	■-는 사이에 ■-을 정도로	토론하기	■질문하기 ■진위 확인하기
12	실습·실기	실습과 실기 관련 어휘	■-을수록 ■-는 모양이다 ■-던데 ■-은 채로	■경고하기 ■과정 묘사하기	■-을지도 모르다 ■-기만 하다	실험하기	■증명하기 ■비교하기
13	대회 참가	대회 관련 어휘	■-는 탓에 ■-어 버리다 ■-을 뻔하다 ■-더라	■의도 표현하기 ■심정 표현하기	■-기는 하다 ■-을 걸 그랬다	평가받기	■암기하기 ■성찰하기
14	적성 탐색	적성과 직업 관련 어휘	■-는 데다가 ■-든지 ■사동 표현 ■-나 싶다	■충고하기 ■동의하기	■뿐 ■-더라고요	예습하기	■예측하기 ■의문 형성하기
15	봉사 활동	봉사 관련 어휘	■-을 따름이다 ■-는 김에 ■-었던 ■-고 해서	■거절하기 ■정보 구하기	■만 같아도 ■이나마	체험하기	■묘사하기 ■기술하기
16	진로 상담	진학과 취업 관련 어휘	■-는 반면에 ■-더라도 ■-다시피 ■-곤 하다	■권유하기 ■의견 표현하기	■-다 보면 ■에 따라	학습 반응하기	■준거 설정하기 ■가치 판단하기

1과 계획서 작성하기

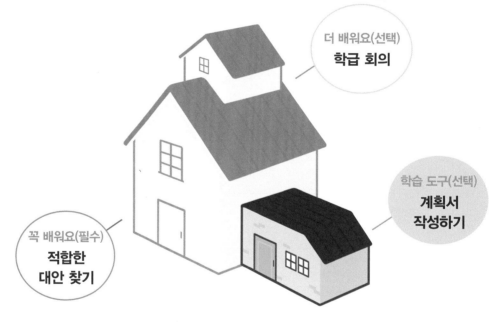

더 배워요(선택)
학급 회의

학습 도구(선택)
계획서 작성하기

꼭 배워요(필수)
적합한 대안 찾기

학습 목표

계획서의 종류와 작성 방법에 대해 안다.

주제에 따른 목표를 설정할 수 있다.

일의 순서를 정할 수 있다.

주제 확인하기

학습하기 1 세부 목표 설정하기(시화전 작품 출품 계획)

학습하기 2 순서 정하기(식물도감)

계획서 작성하기

계획서란

1 계획서의 의미

계획서란 앞으로 할 일을 자세히 생각하여 정한 내용을 적은 것이
에요. 계획서에 일의 목적과 목표, 절차와 순서, 방법 등을 잘 적어
두면 일을 효율적으로 할 수 있어요.

2 계획서의 종류

학교에 가면 다양한 계획서를 쓰게 돼요.
'학업 계획서, 봉사 활동 계획서, 여가 활동 계획서' 등
다양한 계획서가 있어요.

〈계획서 예시〉

○○ 계획서

_____ 중학교 __학년 __반 __번 이름_____	
목적	
기간	년 월 일 ~ 년 월 일
내용	목표
	절차 및 세부 일정
	방법

어떤 의사 결정을 하기 전에는 먼저 꼼꼼하게 계획서를 작성하는 것이 좋아요.

📋 계획서 구성과 방법

어떤 계획서를 쓰느냐에 따라 구성과 내용이 조금씩 달라지기도 하지만, 계획서에는 보통 주제와 목표, 절차, 방법 등이 들어가요. 대안과 기대 효과까지 생각해 두면 더 효과적으로 일을 진행할 수 있어요.

1 주제 및 목적 ·········
계획서의 주제는 해야 할 일에서 중심이 되는 문제를 뜻한다. 목적은 그 일을 함으로써 이루려고 하는 것을 말한다.

2 목표 ·········
주제와 목적이 정해지면 그에 맞는 세부 목표를 설정해야 한다. 목표가 정해져야 이후 활동의 순서와 방법을 정확히 정할 수 있다.

3 절차 ·········

4 방법

세부 목표와 활동 내용을 생각하여 활동의 순서와 세부 일정을 정해야 한다.

조사 방법의 예: 자료(인터넷, 책, 신문, 영상 등) 조사, 인터뷰, 설문 조사, 답사 등

주제와 목적, 세부 목표, 절차 등을 고려하여 가장 잘 맞는 활동 방법(조사, 실험 등)을 선택해야 한다. 그리고 그 방법에 문제가 생겼을 때를 대비하여 대안까지 생각하면 좋다.

5 기대 효과 ·········
계획한 대로 성공했을 때 기대되는 효과를 적는다. 기대 효과를 통해 활동의 동기를 강화할 수 있다.

학습하기 1

계획서 작성하기에서 세부 목표 설정하기에 대해 알아봅시다.

세부 목표 설정하기란 어떤 목적을 달성하기 위해 필요한 문제 해결 방향과 방법을 설정하는 것을 말한다.

안나는 전국 청소년 시화전에 나가려고 한다. 그래서 어떤 시화 작품을 만들 것인지 목적을 정하고 그 목적을 이루기 위해서 필요한 세부 목표를 설정하고 있다.

 목적을 정하기 위해 주제 이해하기

시화전에 작품을 내는 것이 나에게 어떤 의미가 있는지 생각해 보자. 상을 받는 것도 좋고, 나의 시와 그림 솜씨를 뽐내는 것도 좋지. 그렇지만 나의 시와 그림이 다른 사람에게 감동을 주고 공감을 얻을 수 있<u>으면 좋겠어</u>.

의사소통 3권 1과 '-으면 좋겠다' •┈┈┈┘

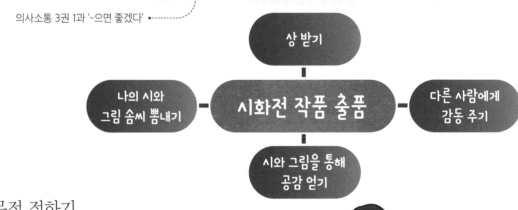

상 받기

나의 시와 그림 솜씨 뽐내기 — 시화전 작품 출품 — 다른 사람에게 감동 주기

시와 그림을 통해 공감 얻기

2 목적 정하기

그래, 나와 비슷한 나이의 학생들이 공감하고 희망을 가지게 하는 데 도움이 되는 시화 작품을 만들어 내자.

 세부 목표 설정하기

> 자, 이제 목적을 정했으니 목적을 이루기 위해 필요한
> 세부 목표를 생각해 보자.

의사소통 3권 1과 '-기 위해서' ┄┄┄┄┄

세부 목표 설정 시 고려해야 할 것

- 세부 목표는 목적 달성에 필요한 중요 내용을 담아야 한다.
- 세부 목표는 이룰 수 있는 것이어야 한다.
- 세부 목표는 구체적이고 명확하게 알 수 있는 것이어야 한다.
- 세부 목표는 그것을 통해 무엇을 얻을 수 있는지 예상할 수 있어야 한다.

　　친구들이 공감하는 시화 작품이 되기 위해서는 먼저 시의 주제와 내용이 또래 친구들의 마음에 와닿아야 해. 그래, 결과보다 꿈을 이루기 위해 노력하는 과정의 중요성과 가치를 주제로 시를 쓰자. 시에 어울리는 그림도 중요한데……. 그림도 또래 친구들이 좋아하는 그림체로 그리는 게 좋겠다.

세부 목표

- 결과보다는 꿈을 이루기 위해 노력하는 과정의 중요성과 가치를 드러내는 시를 쓴다.
- 시에 어울리면서 친구들이 좋아하는 그림을 그린다.

> 목적을 정하고 그것을 이루기 위해 필요한 세부 목표를 설정하니까 무엇을 해야 할지 분명해졌어. 훨씬 더 좋은 작품을 제출할 수 있을 것 같아.

학습하기 1 다지기

어휘 확인하기

■ 〈보기〉에서 알맞은 말을 골라 문장을 완성하세요.

〈보기〉

가치	고려	구체적	달성	설정

(1) 글을 쓸 때에는 먼저 주제를 (   )해야 한다.

(2) 문화재의 (   )은/는 돈으로 환산할 수 없다.

(3) 도로를 만들 때는 안전을 충분히 (   )해야 한다.

(4) 모두가 노력한 결과 드디어 우리의 목표가 (   )되었다.

(5) 선생님께서는 (   ) 예를 들면서 과학 지식을 설명해 주셨다.

내용 확인하기

■ 학습하기 1의 내용과 같은 것을 고르세요.

① 안나는 상을 받기 위해서 시화전에 참가한다.

② 안나는 자신이 잘 그리는 그림을 그리려고 한다.

③ 안나는 꿈을 이룬 후의 모습에 대한 시를 쓸 것이다.

④ 안나는 다른 사람이 공감할 수 있는 시를 쓸 것이다.

기능 확인하기

어떤 일의 계획을 세울 때 그 일의 세부 목표를 설정해야 합니다. 세부 목표는 목적 달성에 필요한 중요 내용을 담아야 합니다. 또한 세부 목표는 자신이 이룰 수 있는 것이어야 합니다. 세부 목표는 구체적이고 명확하게 알 수 있는 것이어야 하고, 세부 목표를 통해 자신이 무엇을 얻을 수 있는지 예상할 수 있어야 합니다.

▨ 다음 중 세부 목표 설정하기에 대한 설명으로 알맞지 <u>않은</u> 것을 고르세요.

① 세부 목표는 이룰 수 있는 것이어야 한다.

② 세부 목표는 목적 달성에 필요한 중요 내용을 담아야 한다.

③ 세부 목표는 구체적이고 명확하게 알 수 있는 것이어야 한다.

④ 세부 목표는 그것을 통해 무엇을 얻을 수 있는지 예상하기 어렵다.

활동하기

▨ 여러분도 안나처럼 시화전에 참가하려고 합니다. '학교생활'을 주제로 목적과 세부 목표를 세워 보세요.

주제	학교생활
목적	
목표	

학습하기 2

계획서 작성하기에서 순서 정하기에 대해 알아봅시다.

순서 정하기란 주어진 기준에 따라 일의 순서를 정하는 것을 말한다.

호민이는 식물도감을 만들기 위해 자유 탐구 계획서를 작성하고 있다. 먼저 해야 할 일을 생각하고 그다음에 일의 순서를 정하려고 한다.

〈 자유 탐구 계획서 〉

	대한중학교 1학년 2반 이름: 호민		
주제	우리 주변의 다양한 식물		
목표	−식물의 다양성에 대해 안다. −주위 식물을 자세히 관찰한다. −식물도감을 만든다.		
기간	20xx년 9월 3일~9월 9일		
세부 일정	일시	활동 내용	방법

■ **해야 할 일 생각하기**

탐구 순서를 정하기 전에 해야 할 일들을 먼저 생각해야겠다.

식물도감 만들기

관찰 장소 선택

관찰 내용 정리하기

관찰에 필요한 도구 확인하기 및 준비하기

관찰하기

식물에 대한 자료 수집하기

식물 선택하기

■ **중요한 것 생각하기**

이 중에서 뭐부터 해야 할까? 먼저 중요한 것부터 정리해 봐야겠어.

식물도감 만들기

식물에 대한 자료 수집하기

관찰하기

탐구의 목표를 이루기 위해서 식물을 관찰하는 것, 식물에 대한 자료를 수집하는 것, 마지막으로 식물도감을 만드는 것이 가장 중요하다.

■ 선후 관계 고려하기

> 그럼 이것들을 선후 관계에 따라서 순서를 정해야겠다.

> 식물을 관찰한 다음에 그 식물에 대한 자료를 수집할 수 있다. 그다음에 식물 도감을 만들 수 있다.

> 이제 관찰하기 전에 해야 할 일을 순서에 따라 정해야겠다.

탐구 계획에서 순서를 정할 때 고려해야 할 사항
- 중요한 것이 무엇인지 먼저 생각해야 한다.
- 일반적인 선후 관계에 따라 순서를 정할 수 있다.
- 탐구하는 사람의 상황과 환경 등을 고려해서 순서를 정하기도 한다.

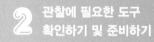

1 관찰 장소 선택   **2** 관찰에 필요한 도구 확인하기 및 준비하기   **3** 식물 선택하기   **4** 관찰하기

관찰을 하기 전에 먼저 관찰 장소를 선택해야 한다. 그다음에 관찰에 필요한 도구를 준비할 수 있다. 그리고 그 장소에 있는 식물 중에서 한 가지를 선택한다.

■ 상황과 환경 고려하기

 식물에 대한 자료 수집하기   관찰 내용 정리하기   식물도감 만들기

시간이 많지 않으니까 먼저 식물에 대해 관찰을 한 다음에 수집한 관찰 내용을 한꺼번에 정리하는 것이 편할 것 같다. 그다음에 정리한 자료를 가지고 식물도감을 만들면 되겠다.

> 탐구 순서를 정한 다음에 탐구를 하면 식물도감을 잘 만들 수 있을 것 같아.

학습하기 2 다지기

어휘 확인하기

■ 〈보기〉에서 알맞은 말을 골라 문장을 완성하세요.

〈보기〉

| 관찰 | 기준 | 상황 | 자료 | 작성 |

(1) 미인의 (   )은/는 시대마다 달랐다.

(2) 우리는 생물 시간에 나팔꽃의 모양을 (   )했다.

(3) 일을 진행하기 전에 먼저 계획서를 (   )해야 한다.

(4) 숙제를 할 때 필요한 (   )을/를 인터넷으로 검색했다.

(5) 이 소설은 작가가 살았을 당시의 (   )을/를 잘 드러내고 있다.

내용 확인하기

■ 학습하기 2의 내용과 같은 것을 고르세요.

① 호민은 제일 먼저 식물을 관찰할 것이다.

② 호민은 탐구 순서에 따라 식물도감을 완성했다.

③ 호민은 관찰 내용을 정리한 후에 자료를 수집하려고 한다.

④ 호민은 식물의 다양성에 대해 알기 위해서 자유 탐구를 한다.

기능 확인하기

탐구를 성공적으로 수행하기 위해 탐구 계획 단계에서 할 일의 순서를
정하는 것이 중요합니다. 일의 중요도에 따라 순서를 정하거나 일반적
인 선후 관계에 따라 순서를 정할 수 있습니다. 또한 탐구 시 탐구자의
상황을 고려할 수 있습니다.

▨ 다음 중 탐구 계획에서 순서를 정할 때 고려해야 할 사항으로 알맞은 것을 고르세요.

① 중요하지 않은 것부터 순서를 정한다.

② 선후 관계에 따라 순서를 정할 수 있다.

③ 일반적인 탐구 순서를 따라 해서는 안 된다.

④ 탐구하는 사람의 상황을 고려할 필요는 없다.

활동하기

▨ 현장체험학습 계획서를 작성하려고 합니다. 아래 일들의 순서를 정해 보세요.

☐ 장소 정하기	☐ 조사한 자료 정리하기	☐ 장소에 대한 정보 조사하기
☐ 목표 설정하기	☐ 글 작성하기	☐ 필요한 도구 확인하기 및 준비하기

♣ 현장체험학습을 하려고 합니다. 현장체험학습 계획서를 작성해 보세요.

지식 더하기

국어

갈래 하나에서 둘 이상으로 갈라져 나간 부분이나 가닥.
#part #ответвление #chi

글감 글의 내용으로 쓸 만한 이야기의 재료.
#writing material #литературный материал #đề tài #동영상

운율 시에서 비슷한 소리의 특성이 일정하게 반복되는 형식.
#cadence #ритм #âm luật #동영상

수학

미지수 수학에서, 아직 값이 밝혀지지 않은 수.
#being unknown #искомое #ẩn số #동영상 #그림

방정식 미지수에 특정한 값을 주었을 때만 성립하는 등식.
#equation #уравнение #phương trình #동영상

사회

민주주의 주권이 국민에게 있고 국민을 위한 정치를 지향하는 사상.
#democracy #демократия #chủ nghĩa dân chủ #동영상 #그림

선거 일정한 조직이나 집단에서 투표를 통해 대표자나 임원을 뽑음.
#election #выборы #cuộc tuyển cử #동영상 #그림

인권 인간으로서 당연히 가지는 기본적인 권리.
#human rights #права человека #nhân quyền #동영상 #그림

과학

유기적 생물체와 같이 각 부분이 밀접한 관련을 맺으며 전체를 이루고 있어 따로 떼어 낼 수 없는 것.
#being organic #органический #tính chất hữu cơ

물리적 물질의 원리에 기초한 것.
#being physical #физический #tính vật lý

2과 협동 학습 하기

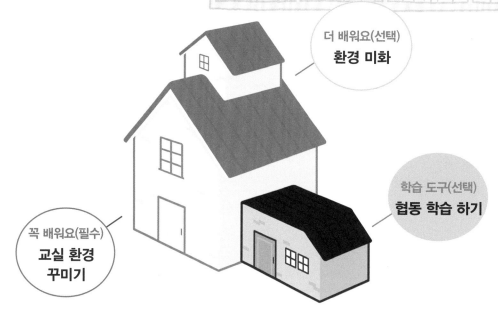

더 배워요(선택)
환경 미화

학습 도구(선택)
협동 학습 하기

꼭 배워요(필수)
**교실 환경
꾸미기**

학습 목표

협동 학습의 절차와 방법에 대해 안다.

협동 학습에서 제안하기에 대해 이해한다.

협동 학습에서 의견을 조정하는 방법에 대해 안다.

주제 확인하기

학습하기 1 제안하기: 학습 주제 제안하기(살기 좋은 도시)

학습하기 2 조정하기: 학습 범위 조정하기(국가지질공원의 암석)

협동 학습 하기

1 협동 학습의 의미와 활동

협동 학습이란 공동의 학습 목표를 달성하기 위해서 학생들이 서로 도와 가며 학습하는 것이에요.

협동 학습은 팀이나 그룹(분단)을 이루어 함께 해요. 서로 역할을 나누어 맡고 자신의 할 일을 수행해요. 또 서로 돕거나 모르는 것을 가르쳐 주기도 하고, 함께 힘을 합해 어려운 문제를 해결하는 활동을 해요.

2 협동 학습의 기본 원칙

협동 학습은 혼자 공부하는 것이 아니라 친구들과 함께 공부하는 것이므로 아래의 원칙들을 지켜야 해요.

1 모든 학생이 학습 활동에 참여할 수 있도록 해야 해요.

2 학습 활동에 참여할 수 있는 기회를 고르게 부여하고 역할과 책임도 똑같이 나눠야 해요.

3 자기 팀이 과제를 완수하고 학습 목표에 도달할 수 있도록 각자 맡은 역할을 충실히 수행해야 하고 적극적으로 참여해야 해요.

4 자료와 정보를 교환하여 공유하고, 서로 도움을 주고받으면서 수행해야 해요.

친구들과 협동해서 함께 교실을 꾸미는 것처럼 공부할 때도 협동 학습으로 함께 공부하면 좋아요.

 협동 학습 진행 과정

함께 공부할 친구를 모으고 정기적으로 모일 시간과 장소를 정하는 것부터 협동 학습은 시작된다.

학습 주제를 직접 선정해야 할 때는 공통의 관심사를 확인하여 정하는 것이 좋다. 학습 목표는 학습 주제의 범위 안에서 모두가 중요하다고 생각하는 것이나 달성 가능한 것으로 설정해야 한다.

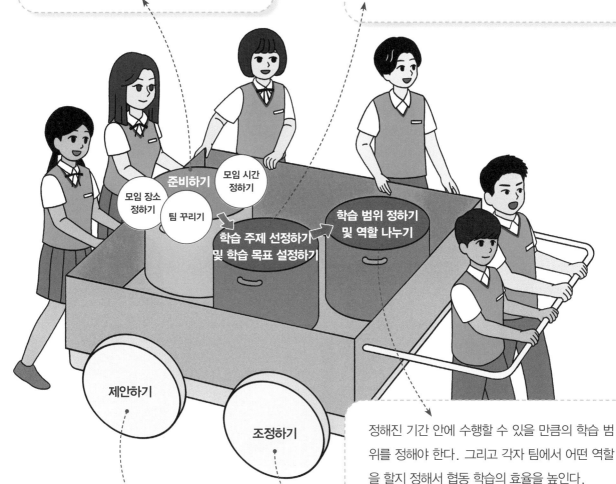

준비하기
- 모임 장소 정하기
- 팀 꾸리기
- 모임 시간 정하기

학습 주제 선정하기 및 학습 목표 설정하기

학습 범위 정하기 및 역할 나누기

제안하기

조정하기

정해진 기간 안에 수행할 수 있을 만큼의 학습 범위를 정해야 한다. 그리고 각자 팀에서 어떤 역할을 할지 정해서 협동 학습의 효율을 높인다.

협동 학습은 여러 사람이 함께하는 활동이므로 다양한 의견과 활동 방안이 제안되면 좋다. 좋은 의견이 많이 제안되면 협동 학습의 효과는 더욱 높아진다.

친구들과 함께 공부하다 보면 서로 의견이 다를 때도 있다. 다른 생각과 의견을 조정해 가며 공부하는 것도 '협동 학습'의 중요한 과정 중 하나이다.

협동 학습 하기에서 제안하기에 대해 알아봅시다.

제안하기란 일을 더 좋은 방향으로 이끌기 위해 의견을 내는 것을 말한다.

'살기 좋은 도시 소개'를 주제로 발표 준비를 해야 한다. 어떤 도시를 살기 좋은 도시로 소개하는 것이 좋을지 각자의 생각을 말하며 제안하고 있다.

A 도시를 소개하는 게 어때?
나는 교통이 좋은 도시가 살기 좋은 도시라고 생각하는데, A 도시가 그래. 지하철과 버스 등 대중교통이 편리하고, 교통 안전시설도 있어. 그리고 자전거 도로와 차도를 구분했고 자전거 신호등도 설치했어. 여기에서 A 도시까지 거리도 가까우니까 우리가 직접 가 볼 수 있어. 직접 체험해 보면서 발표 자료를 준비하면 좋을 것 같아.

정호

안나

제안하기

• 의사소통 3권 2과 '−도록(목적)'

■ 제안하기는 상대방이 내 의견에 무조건 <u>따르도록</u> 하는 것은 아니다.

■ 제안하기는 함께하는 사람들이 선택할 수 있을 만한 좋은 의견을 내는 것이다.

■ 제안할 때에는 그 이유나 근거가 분명해야 한다.

■ 제안할 때에는 자신의 의견을 강하게 주장하는 표현보다 '−읍시다.', '−으면 좋겠다.',
   '−으면 어떨까요?' 등의 표현을 사용한다.

2

나는 B 도시에 대해서 하면 좋겠어.
B 도시는 박물관, 미술관, 도서관 등 문화 시설이 많은
도시야. 이 도시에서는 매달 다양한 문화 행사도 열려.
문화가 있는 도시가 살기 좋은 도시라고 생각해.
다음 단원의 주제가 '문화'니까 문화에 대해 <u>알아 두면</u>
나중에 큰 도움이 될 거야.

• 의사소통 3권 2과 '−어 놓다/두다'

와니

3

C 도시에 대해서 하면 어떨까?
C 도시는 최근에 환경 문제를 해결해서 살기 좋은 도시가 되었어.
인터넷에서 C 도시가 환경 문제를 어떻게 해결했는지 관련 자료를
쉽게 찾을 수 있어. 발표할 때 그 자료들을 활용할 수 있을 거야.

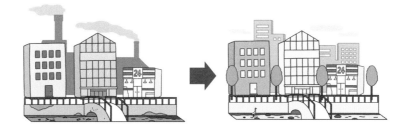

여러 사람의 다양한 제안을 들어 볼 수 있는 것이
협동 학습의 좋은 점인 것 같아. 다양한 의견을 통
해 더 좋은 방향으로 과제를 해결할 수 있어.

학습하기 1 다지기

■ 〈보기〉에서 알맞은 말을 골라 문장을 완성하세요.

〈보기〉

관련	구분	근거	발표	제안

(1) 친구들에게 제주도 여행을 (   )했다.

(2) 드디어 중간고사 결과가 (   )되었다.

(3) 책꽂이에 시와 소설을 (   )해서 꽂아 놓았다.

(4) 무언가를 주장할 때는 충분한 (   )이/가 있어야 한다.

(5) 홍수, 태풍, 가뭄 등은 지구 온난화 현상과 (   )이/가 있다.

■ 학습하기 1의 내용과 같은 것을 고르세요.

① 살기 좋은 도시 세 곳을 발표하고 있다.

② A 도시를 협동 학습 하면 다음 단원을 미리 공부할 수 있다.

③ B 도시는 우리 도시와 가깝기 때문에 쉽게 여러 자료를 구할 수 있다.

④ C 도시는 발표에 활용할 수 있는 자료를 찾기 쉬워서 발표를 준비하기에 좋다.

기능 확인하기

협동 학습을 할 때는 제안하기로 서로의 생각을 주고받는 것이 중요합니다. 제안은 어떤 일을 더 좋은 쪽으로 해결하기 위해 의견을 내는 것이기 때문입니다. 그러므로 다양한 제안을 하면 문제를 보다 좋은 방향으로 해결할 수 있습니다. 그리고 제안을 할 때는 그 제안을 뒷받침할 수 있는 근거를 잘 보여 주어야 합니다.

▨ 학습하기 1에서 제안하는 표현이 들어간 문장과 그 제안의 근거가 되는 부분을 찾아 표시해 보세요. 그리고 아래의 표에 정리해 보세요.

	제안하는 표현이 들어간 문장	제안의 근거
안나		
정호		
와니		

활동하기

▨ '우리 학교의 자랑거리'를 주제로 발표를 하려고 합니다.

어떤 내용으로 발표하면 좋을지 〈보기〉와 같이 친구와 서로 제안해 보세요.

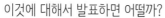

〈보기〉
이번에 우리 학교 축구 동아리가 전국 대회에서 1등 했어. 이것에 대해서 발표하면 어떨까?

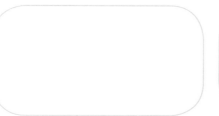

학습하기 2

협동 학습 하기에서 조정하기에 대해 알아봅시다.

조정하기란 여러 사람의 의견이 일치되지 않을 때 서로 의논하고 양보하여 의견을 일치시키거나 의견 차이를 좁히는 것을 말한다.

'국가지질공원의 암석 조사하기'를 주제로 협동 학습을 하고 있다. 그래서 친구들과 조사할 대상과 내용, 범위 등을 정하기 위해 이야기를 나누고 있다.

> **1** 전국에 있는 모든 국가지질공원에 직접 가서 조사하는 게 어때? 거기서 먼저 정보를 얻고, 실제 해당 지질이 있는 장소에 직접 가서 보고 사진도 찍으면 좋을 것 같아.

> **2** 모든 국가지질공원을 갔다 오는 건 시간이 많이 걸려. 그럼 과제 제출 기간을 지키기 어려울 거야. 그리고 전국의 다양한 지질을 소개하는 것은 범위가 너무 넓지 않을까?

> **3** 나도 영수와 같은 생각이야. 그냥 우리 지역의 지질에 대해서만 조사하는 건 어떨까? 우리 동네에 지질 명소가 있어서 직접 가 볼 수도 있고.

| 호민 | 영수 | 와니 |

어휘와 문법

조정하다　일치되다　차이　조사하다　대상　범위　정보
타당성　합리성　논의하다　요청하다　집중하다　동의하다

조정하기

- 각자의 의견을 먼저 듣고, 의견의 차이점을 확인한다.
- 그 의견 차이에 있어서 쉽게 좁힐 수 있는 부분과 좁히기 어려운 부분을 구분한다.
- 쉽게 조정이 가능한 부분은 같이 협의를 해서 결정한다.
- 간단하게 조정하기 어려운 부분은 각 주장의 타당성과 합리성, 문제 해결의 가능성에 대해 논의하여 조정한다. ┄┄┄┄• 의사소통 3권 2과 '-어 놓다/두다'
- 조정이 힘들 경우 <u>미루어 두거나</u> 다른 사람에게 도움을 요청해도 된다.
- 자신의 의견만 너무 강하게 주장하는 것은 조정에 도움이 되지 않는다.

안나　선영　정호

4 우리 지역만 하는 건 범위가 너무 좁은 게 아닐까? 그렇게 하면 우리가 협동 학습을 하는 의미가 줄어드는 것 같아. 와니 말처럼 전국의 다양한 지질 모습을 찾아보는 게 좋을 것 같아. 그런데 우리가 직접 다 조사하기는 <u>어려울 테니까</u> 인터넷으로 자료를 찾아보자. 그다음에 우리 지역에 집중해서 조사하는 게 어때?

┄┄┄┄• 의사소통 3권 2과 '-을 테니(까)'

5 그거 좋다. 가까운 곳에 지질 공원하고 박물관이 있으니까 거기에서도 자료를 찾으면 좋겠다. 그렇게 하면 더 좋은 결과가 나올 것 같아.

6 그럼 조사 범위와 내용은 그렇게 하는 것으로 정하자. 모두 동의하지? 조사 장소나 방법에 대해서도 어느 정도 정했으니까 이제 누가 무엇을 할지 얘기해 보자.

이렇게 다양한 의견을 나누면서 서로의 의견 차이를 조정하니까 더 좋은 결과를 얻을 수 있어서 좋다.

학습하기 2 다지기

어휘 확인하기

▨ 〈보기〉에서 알맞은 말을 골라 문장을 완성하세요.

〈보기〉

| 논의 | 동의 | 범위 | 조사 | 집중 |

(1) 소수의 몇 사람만이 그 의견에 (　　　　)했다.

(2) 경찰이 어젯밤 사고의 원인을 (　　　　)하는 중이다.

(3) 선영이는 한 번 무언가에 (　　　　)하면 누가 말을 걸어도 모른다.

(4) 시험 (　　　　)이/가 너무 넓어서 공부하는 데 시간이 많이 걸린다.

(5) 우리는 잠시 휴식을 가진 뒤 해결 방법에 대한 (　　　　)을/를 계속했다.

내용 확인하기

▨ 학습하기 2의 내용과 같은 것을 고르세요.

① 와니는 인터넷으로 전국의 지질 자료 찾기를 제안했다.

② 안나는 우리 지역의 지질 모습만 조사하기를 제안했다.

③ 영수는 전국의 다양한 지질을 소개하는 것이 좋다고 생각한다.

④ 정호와 친구들은 앞으로 각자의 역할에 대해서 이야기를 할 것이다.

기능 확인하기

> 협동 학습에서 서로 의견이 다를 때 조정하기로 서로의 의견 차이를 좁히거나 의견을 일치
> 시킬 수 있습니다. 조정을 할 때에는 먼저 각자의 의견을 듣고 의견의 차이점을 확인해야 합
> 니다. 쉽게 조정이 가능한 부분은 구성원이 함께 협의를 해서 결정합니다. 조정하기 어려운
> 부분은 각 주장의 타당성과 합리성, 문제 해결의 가능성에 대해 논의하여 조정할 수 있습니
> 다. 조정하기가 힘들 경우에는 다른 사람의 도움을 받을 수도 있습니다.

■ 다음 중 조정하기에 대한 설명으로 알맞은 것을 고르세요.

① 서로의 의견을 듣고 공통점을 확인해야 한다.

② 서로 다른 의견을 무조건 일치시키는 것을 말한다.

③ 쉽게 조정이 가능한 부분은 구성원과 협의하지 않아도 된다.

④ 구성원끼리 조정하기가 힘들 때에는 다른 사람에게 도움을 요청해도 된다.

활동하기

■ '국가지질공원의 암석 조사하기' 과제를 하기 위해 각자의 역할을 정해야 합니다.
  역할을 어떻게 나누면 좋을지 친구와 이야기하면서 조정해 보세요.

> 〈해야 할 일〉 ■ 인터넷, 책, 사전 자료 조사하기 ■ 조사 내용 발표하기
>   ■ 직접 가서 확인하기 ■ 조사 자료 정리하기

〈보기〉 자료를 조사하는 사람이 내용도 함께 정리하는 게 좋다고 생각해.

〈조정 결과〉

지식 더하기

국어

관점 사물이나 현상을 보고 생각하는 개인의 입장 또는 태도.
#viewpoint #позиция #quan điểm #동영상

요인 사물이나 사건 등이 성립되는 중요한 원인.
#factor #основная причина #nguyên nhân cơ bản

쟁점 서로 다투는 데 중심이 되는 내용.
#bone of contention #яблоко раздора #điểm tranh cãi

수학

소수 1과 그 수 자신 이외의 자연수로는 나눌 수 없는 자연수.
#prime number #натуральное число #số nguyên tố #동영상

등식 수학에서, 등호를 써서 왼쪽과 오른쪽의 값이 서로 같음을 나타내는 식.
#equation #линейное равенство #đẳng thức #동영상 #그림

사회

대책 어려운 상황을 이겨낼 수 있는 계획.
#measure #контрмера #đối sách

변모 모양이나 모습이 바뀌거나 달라짐. 또는 그런 모양이나 모습.
#transformation #видоизменение #sự biến đổi

헌법 국가를 통치하는 기본 원리이며 국민의 기본권을 보장하고, 다른 것으로 대체할 수 없는 최고 법규.
#constitution #конституция #hiến pháp #동영상

과학

입자 물질을 이루는 아주 작은 크기의 물체.
#particle #частица #lập tử

광물 금, 은, 철 등과 같은 금속을 포함하는 자연에서 생기는 무기 물질.
#mineral #минерал #khoáng chất #동영상

3과 보고서 쓰기

더 배워요(선택)
조별 과제

학습 도구(선택)
보고서 쓰기

꼭 배워요(필수)
과제 수행하기

학습 목표 보고서의 작성 과정과 보고서에 쓸 내용을 안다.

자료에서 필요한 정보를 찾아 내용을 요약할 수 있다.

정보를 정교화할 수 있다.

주제 확인하기 **학습하기 1** 요약하기(신사임당)

학습하기 2 정교화하기(날씨와 우리 생활)

보고서 쓰기

1 보고서의 의미

보고서란 관찰·체험을 하거나 조사·연구를 한 것의 내용이나 결과를 알리는 글이에요.

2 보고서 작성 과정

1 계획 세우기

주제, 목적, 대상, 기간, 방법 등을 생각하고 계획을 세운다.

2 자료 수집

조사, 관찰, 실험, 연구 등 다양한 방법으로 자료를 수집한다.

3 자료 정리 및 분석

수집한 자료를 정리하고 정확하게 분석한다.

4 보고서 작성

목적에 맞도록 명확하고 일관성 있게 작성한다.

학교에서 해야 하는 과제 중에는 어떤 주제에 대해 관찰·조사를 하거나 실험·체험을 하는 것이 있어요. 이때 수집한 자료들을 분석하고 정리해서 보고서를 써요.

 보고서의 구성

처음

–주제와 목적

–조사/관찰/실험 기간

–조사/관찰/실험 대상

–조사/관찰/실험 방법

중간

–자료 수집 결과 제시

–수집한 자료 분석하기

–분석한 내용 서술하기

조사, 관찰, 실험 등을 통해 수집한 자료의 결과를 제시할 때는 거짓이 없어야 한다.

분석한 내용을 요약하고 정교화해서 제시한다.

끝

–전체 내용 요약하기

–결론 제시하기

–자신의 의견 덧붙이기

–출처

전체 내용을 요약하면서 보고서를 정리한다.

자료의 출처를 반드시 제시해야 한다.
예) 심혜령 외 16인, 《표준 한국어》 서울: 마리북스, 2019년, 31쪽.

학습하기 1

보고서 쓰기에서 요약하기에 대해 알아봅시다.

요약하기란 말이나 글에서 중요한 것을 골라 짧고 간단하게 정리하는 것을 말한다.

'화폐 속 인물'을 주제로 보고서를 쓰려고 정보를 찾고 있다. 그런데 찾은 정보의 내용이 너무 많다. 그래서 중요한 내용을 중심으로 요약해 보려고 한다.

나는 화폐 속 인물 중에서 신사임당을 선택했어. 그리고 백과사전에서 신사임당에 대한 자료를 찾아봤어.

신사임당은 1504년에 태어난……. (중략) 신사임당은 현모양처, 즉 마음이 넓고 지혜로운 어머니이면서 착한 아내를 대표하는 인물이다. 그녀가 현모의 대표적인 인물이 된 데에는 그녀의 아들 이이의 역할이 크다. 이이는 나라의 관리를 뽑는 시험에서 9번이나 합격한 인물로, 20년 동안 나라의 중요한 일을 맡아 국민을 위한 사회 정책을 펴려고 노력하였다. 그렇기 때문에 이이는 현재까지도 사람들에게 존경받고 있으며, 동시에 그러한 아들을 길러 낸 신사임당 역시 존경받고 있는 것이다.

또한 그녀는 유명한 시인인 동시에 화가로도 잘 알려져 있다. 그녀의 그림 솜씨가 얼마나 뛰어났는지를 보여 주는 이야기가 다음과 같이 전해지고 있다. 어느 날 신사임당이 그림을 그리고 잠시 자리를 비웠다가 돌아왔는데 닭이 그녀가 그린 그림에 구멍을 내고 있었다. 그 그림에 있는 곤충이 너무 진짜 같아서 닭이 먹으려고 하다가 구멍이 난 것이다. 이것만 <u>봐도</u> 그녀의 그림 솜씨가 얼마나 훌륭했는지 알 수 있다.

┈┈• 의사소통 3권 3과 '-어도'

먼저 이 글에서 중요한 단어가 무엇인지 찾아야겠어.

그림 솜씨

화가

이이

현모양처

요약하기

- 자료에서 중요한 단어나 내용을 찾는다.
- 글의 주제문을 찾는다.
- 찾은 자료에서 주제와 관련이 없는 불필요한 내용이나 반복되는 내용을 삭제한다.
- 요약은 자료의 내용을 그대로 쓰는 것이 아니라 자신의 말로 바꿔서 쓰는 것이다.

주제를 나타내는 문장은 어디에 있지?

신사임당은 마음이 넓고 지혜로운 어머니이면서 착한 아내를 대표하는 인물이다.
그녀는 유명한 시인인 동시에 화가로도 잘 알려져 있다.

자, 이걸 가지고 요약해 보자.

　　신사임당은 여러 업적을 쌓은 율곡 이이의 어머니로 유명하다. 또한 그녀는 유명한
시인인 동시에 화가였다. 그녀의 훌륭한 그림 실력에 대한 이야기가 전해져 내려오고
있다. 오늘날 신사임당은 지혜로운 어머니이자 착한 아내를 대표하는 동시에 훌륭한
예술가로 불린다.

많은 자료를 다 쓰지 않고 요약해서 정리하니까 좋은데?
이렇게 하면 보고서를 쓸 때 더 편할 것 같아.

학습하기 1 다지기

▨ 〈보기〉에서 알맞은 말을 골라 문장을 완성하세요.

> **〈보기〉**
>
> 대표   반복   삭제   요약   정책

(1) 반장은 반을 (   )하는 학생이다.

(2) 조사한 자료에서 불필요한 내용은 (   )한다.

(3) 정부는 전기 절약을 위해 다양한 (   )을/를 펼치고 있다.

(4) 선영이는 수업 내용을 간단히 (   )해서 공책에 정리한다.

(5) 나는 듣기 공부를 할 때 같은 문장을 여러 번 (   )해서 듣는다.

▨ 학습하기 1의 내용과 같으면 O, 다르면 X 하세요.

(1) 이이는 신사임당의 아들이다.   (   )

(2) 안나는 화폐 속 인물에 대한 보고서를 쓴다.   (   )

(3) 신사임당은 국민을 위한 사회 정책을 만들었다.   (   )

(4) 안나는 요약하기 전에 글에서 중요한 단어를 찾았다.   (   )

기능 확인하기

보고서에는 찾은 자료를 모두 쓰지 말고 중요한 내용을 요약해서 써야 합니다. 이때 찾은 자료를 그대로 옮겨 쓰면 안 됩니다. 자신의 말로 바꿔서 요약해야 합니다.

내용을 요약할 때는 먼저 중요한 단어와 글의 주제문을 찾는 것이 중요합니다. 그리고 불필요한 부분이나 예를 들어 설명한 부분은 삭제해도 됩니다. 또한 비슷한 내용은 한 문장으로 요약할 수 있습니다.

▨ 다음 중 요약하는 방법으로 알맞은 것을 모두 고르세요.

① 주제를 나타내는 문장을 찾는다.　　② 찾은 자료의 내용을 모두 활용한다.

③ 중요하다고 생각하는 단어를 찾는다.　④ 필요하지 않은 내용은 따로 정리한다.

활동하기

▨ 아래의 이야기를 읽고 중요한 단어를 찾아 보세요. 그리고 중요한 단어를 가지고 글을 요약해 보세요.

베스트셀러란 많이 팔린 책을 말한다. 흔히 많이 팔린 책이 꼭 좋은 책은 아니라고 한다. 심지어 어떤 사람들은 유행하는 책이 좋은 책이 아니라고도 한다. 즉, 좋은 작품이라서 베스트셀러가 된 것이 아니라 대중적인 소재와 내용으로 잘 팔려서 베스트셀러가 되었다는 것이다. 하지만 많이 팔린 책이란 많은 독자가 선택한 책이다. 그런 점에서 많은 독자들이 선택한 베스트셀러는 좋은 책이라고 할 수 있지 않을까?

중요한 단어	요약문
	(　　　　)가 선택한 책인 (　　　　)는 좋은 작품이라고 할 수 있다.

학습하기 2

보고서 쓰기에서 정교화하기에 대해 알아봅시다.

정교화하기란 세부 사항, 자세한 설명, 실제 예, 관련 내용, 자료 등을 더해 내용의 완성도를 높이는 것을 말한다.

정호는 '날씨와 우리 생활'을 주제로 보고서를 쓰고 있다. 보고서의 완성도를 높이기 위해서 내용을 추가하려고 한다.

날씨와 우리 생활

1학년 2반 이정호

날씨는 우리 생활에 많은 영향을 미친다. 비가 오는 날을 생각해 보자. 비가 오면 외출을 계획하거나 외식을 생각한 많은 사람들이 집 밖으로 나가지 않는다. 그러다 보니 중국 음식이나 치킨과 같은 배달 음식의 주문이 늘어난다. 이처럼 날씨는 우리 생활과 산업에 영향을 준다.

그래서 최근에는 날씨 정보를 기업의 경영에 활용하는 사례가 늘고 있다. 실제로 국내의 한 놀이공원은 날씨 정보를 활용해 연간 매출이 21억 원 정도 늘었다.

이 부분에 맑은 날씨가 우리 생활에 주는 영향에 대해서도 추가해 볼까?

반대로 맑은 날에는 어떨까? 사람들은 날씨가 좋기 때문에 집 밖으로 나간다. 그래서 사람들이 많이 모이는 공원 근처의 편의점이나 가게의 매출이 크게 늘어난다.

정교화하기

- 관련 내용을 더한다.
- 실제 예를 들어 자세하게 설명한다.
- 관련 자료를 추가한다.

어떤 방법으로 매출을 올렸는지 자세히 써야겠어.

　날씨가 좋지 않은 날에 방문객이 줄어드는 것을 보고 비가 오는 날에는 고객에게 우산을 무료로 빌려주고 눈이 내리는 날에는 입장료를 할인해 주는 등 날씨 맞춤형 경영 전략을 활용하였기 때문이다.

● 의사소통 3권 3과 '-으려면'

내용을 더 잘 <u>전달하려면</u> 보고서 주제와 관련된 사진이나 그림을 추가하면 좋을 것 같아.

우산 무료 대여

조금 더 자세하게 설명하고, 실제 예와 사진 자료를 추가했다. 이렇게 정교화하기의 방법을 통해 보고서를 고치니까 수정하기 전에 비해 확실히 완성도가 높아진 것 같아.

어휘 확인하기

■ 〈보기〉에서 알맞은 말을 골라 문장을 완성하세요.

> **〈보기〉**
>
> 완성   영향   전달   전략   추가

(1) 흡연은 건강에 나쁜 (   )을/를 미친다.

(2) 결석한 영수에게 선생님의 말씀을 (   )했다.

(3) 그는 새로운 방식의 판매 (   )을/를 제안했다.

(4) 안나는 수업 시간 동안 그림을 훌륭히 (   )했다.

(5) 우리 동아리에서는 이번 학기에 회원을 (   )으로/로 모집할 것이다.

내용 확인하기

■ 학습하기 2의 내용과 같은 것을 고르세요.

① 비가 오는 날에는 외출 계획을 취소한다.

② 맑은 날에는 배달 음식의 주문이 늘어난다.

③ 기업은 날씨 정보를 오래전부터 경영에 활용했다.

④ 놀이공원에서는 비나 눈이 오는 날에 우산을 무료로 빌려준다.

기능 확인하기

> 보고서에서 부족한 부분을 확인해 내용을 구체화하고 상세화하는 것이 좋습니다. 이런 것이 바로 정교화하기입니다. 자세한 설명, 실제 예, 관련 내용, 관련 자료 등을 추가하여 정교화할 수 있습니다. 그렇게 하면 보고서의 내용이 더 풍부해지고 완성도도 높일 수 있습니다.

▨ 다음 중 정교화하기의 방법으로 알맞지 <u>않은</u> 것을 고르세요.

① 사진이나 그림 자료를 더한다.
② 내용에 대한 실제 예를 추가한다.
③ 보고서에 쓴 글을 더 자세하게 작성한다.
④ 비슷한 내용의 글을 한 문장으로 정리한다.

활동하기

▨ '기후와 주거 생활'을 주제로 보고서를 작성하고 있습니다.
  정교화하기의 방법으로 내용을 더해 보세요.

> 기후는 주거 생활에 여러 가지 영향을 미친다. 한국의 마루와 온돌처럼 세계 여러 나라에는 기후의 영향을 받아 생긴 주거 문화가 있다. 예를 들어 _____
>
> _____
>
> _____
>
> _____

지식 더하기

국어

격언 오랜 시간 동안 사람들 사이에서 전해지는 인생에 대한 교훈이나 경계
등을 간결하게 표현한 말.
#proverb #пословица #châm ngôn

속담 옛날부터 사람들 사이에서 전해져 오는 교훈이 담긴 짧은 말.
#old saying #пословица #tục ngữ #동영상

역사성 역사적인 특성.
#historicalness #историчность #tính lịch sử #동영상

수학

배수 어떤 수의 몇 배가 되는 수.
#multiple #кратное число #bội số #동영상

변수 일정한 범위 안에서 여러 다른 값으로 바뀔 수 있는 수.
#variable #переменная #biến số #동영상

사회

개혁 불합리한 제도나 기구 등을 새롭게 고침.
#reform #реформа #cải cách

통치 나라나 지역을 맡아 다스림.
#rule #управление #sự thống trị

행정부 대통령을 중심으로 국가의 행정을 맡아보는 기관.
#executive branch #администрация #chính quyền #동영상 #그림

과학

기압 공기의 무게로 인해 생기는 압력.
#air pressure #атмосферное давление #khí áp #동영상

증발 어떤 물질이 액체 상태에서 기체 상태로 변함. 또는 그런 현상.
#evaporation #испарение #sự bay hơi #동영상 #그림

4과 모둠 활동 하기

더 배워요(선택)
**다양한
여가 활동**

학습 도구(선택)
모둠 활동 하기

꼭 배워요(필수)
모임 하기

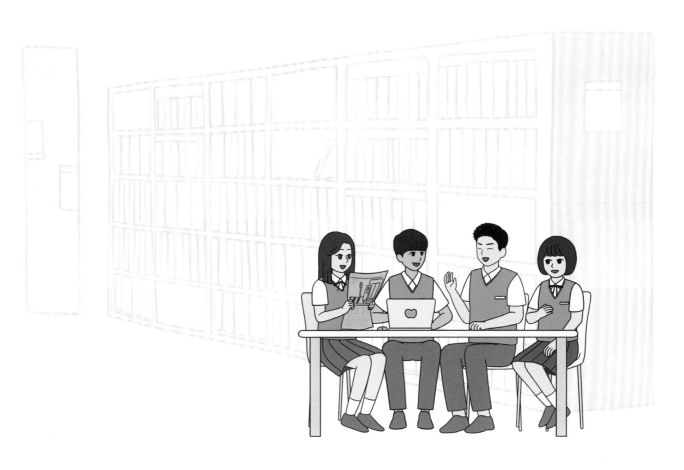

학습 목표 모둠 활동의 진행 과정을 안다.

정보를 수집하고 수집한 정보를 공유할 수 있다.

토의에 대해 알고 토의를 통해 자신의 의견을 전달할 수 있다.

주제 확인하기 **학습하기 1** 정보 수집하기 및 공유하기

(교통 약자의 이동권 보호를 위한 노력)

학습하기 2 토의하기(생활 속 과학 원리)

모둠 활동 하기

모둠 활동의 진행 과정

1 모둠 세우기

모둠원을 구성해서 모둠을 만들어요.

2 할 일 생각하기

모둠 활동 계획서를 작성하여 활동을 진행하면 더 좋아요. 1과에서 배운 것처럼 해야 할 일의 소요 시간, 중요도 등을 고려하여 일의 순서를 정할 수 있어요.

3 일정 짜기

4 역할 배분하기

혼자 하는 것이 아니고 같이 하는 것이기 때문에 자신의 역할을 잘 알고 최선을 다해야 해요.

5 모둠 활동 하기

모둠 활동은 혼자 하는 것이 아니기 때문에 자신이 수집한 정보를 모둠원들과 교환하는 것이 중요해요. 정보를 교환하면 내가 못 찾은 정보를 얻을 수 있고, 반대로 친구가 못 찾은 정보를 내가 줄 수도 있어요. 이렇게 하면서 목표를 달성하는 시간도 줄일 수도 있어요.

학교에는 학습 모임이나 또래 모임과 같이 다양한 모둠의 활동이 있어요. 모둠 활동을 하면 서로의 생각과 정보를 공유할 수 있어요. 이렇게 하면 혼자 할 때보다 더 좋은 결과를 얻을 수 있어요.

모둠 활동이 목표를 향해 잘 가고 있는지 돌아보고 부족한 내용을 찾아야 해요.

7 역할 재분배 및 일정 조율하기

6 중간 점검 하기

여러 사람이 의견을 나누고, 그 의견들에 대해 토의해 가면서 가장 좋은 해결 방법을 찾을 수 있어요.

8 모둠 활동 하기

모둠 활동을 하면서 겪은 자신의 변화를 써 보세요. 다음에 모둠 활동을 더 잘할 수 있어요.

9 자기 평가 및 모둠 평가

■■■ **모둠 활동 하기에서 정보 수집하기 및 공유하기에 대해 알아봅시다.**

정보 수집하기 및 공유하기란 필요한 자료를 찾아서 모으고, 모은 자료를 다른 사람과 함께 나누어 가지는 것을 말한다.

'교통 약자의 이동권 보호를 위한 노력'을 주제로 모둠 활동을 하고 있다. 주제와 관련된 정보를 각자 수집하고, 모은 정보를 함께 나누면서 정보의 가치와 의미에 대해 이야기하고 있다.

2 안나가 찾은 정보 좋다. 나도 안나가 찾은 거랑 비슷한데 인터넷으로 검색해 보니까 시설도 바꾸고 횡단보도나 집, 거리에 있는 모든 턱을 없애기도 한다고 해. 한국에는 이런 사례가 많지 않아서 다른 나라의 사례와 비교하면 좋을 것 같아.

1 신문에서 내가 자료를 찾았는데 교통 약자를 위해서 육교나 지하도 대신에 횡단보도를 만든다고 해. 지하철역에 엘리베이터를 만들기도 하고. 이런 자료는 우리 주변에서도 그 예를 쉽게 구할 수 있을 거야.

의사소통 3권 4과 '-는다고' •┄┄┄

안나   호민

어휘와 문법

어휘와 문법

공유하다　이동　설문　다수　특정　현장
기록　사실성　판단하다　태도　시각

정보 수집하기 및
공유하기

정보 수집 방법

- **문헌 조사** 책, 백과사전, 신문, 문서 등
- **설문 조사** 전화나 설문지를 통해 다수의 대상에게 특정 주제에 관해 조사한 자료
- **현지 조사** 현장을 방문하여 남긴 기록, 사진, 동영상 등
- **인터뷰** 전문가 등 특정 대상을 만나 의견을 듣고 남긴 자료

정보 공유하기

- 수집한 정보를 공유하기 전에 정보의 사실성과 가치에 대해 스스로 먼저 판단한다.
- 공유할 가치가 있는 중요한 정보를 중심으로 공유한다.
- 모둠원이 공유해 준 것에 대해 고마워하는 마음과 태도를 가진다.

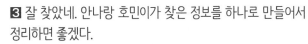

❸ 잘 찾았네. 안나랑 호민이가 찾은 정보를 하나로 만들어서 정리하면 좋겠다.
나는 뉴스에서 봤는데 어떤 나라에서는 교통 약자를 위한 법이 잘 되어 있다고 해. 예를 들면 교통 약자들이 지나다니는 길에 차를 세우거나 길을 막으면 안 되는 법이 있다고 해.

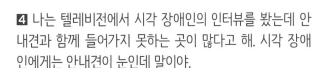

❹ 나는 텔레비전에서 시각 장애인의 인터뷰를 봤는데 안내견과 함께 들어가지 못하는 곳이 많다고 해. 시각 장애인에게는 안내견이 눈인데 말이야.
우리 모두 주제와 관련된 정보를 잘 찾은 것 같아. 수고 많았어. 지금 공유한 정보를 모아서 정리해 보자.

주제에 대해서 각자 정보를 수집하고 그 정보를 서로 공유하면 보다 다양한 정보를 얻을 수 있구나. 내가 생각하지 못한 것들도 많았어.

정호　　선영

학습하기 1 다지기

■ 〈보기〉에서 알맞은 말을 골라 문장을 완성하세요.

〈보기〉

| 공유 | 기록 | 설문 | 특정 | 판단 |

(1) 사람을 겉모습만 보고 (　　　　)해서는 안 된다.

(2) 이 보고서는 (　　　　)한 형식에 맞춰 작성해야 한다.

(3) 서로 알고 있는 정보를 (　　　　)하기 위해 모임을 가졌다.

(4) 해설사의 설명을 들으면서 필요한 내용을 수첩에 (　　　　)하였다.

(5) 우리 회사는 신제품에 대한 소비자의 반응을 살피기 위해 (　　　　)을/를 실시했다.

내용 확인하기

■ 학습하기 1의 내용과 같은 것을 고르세요.

① 안나는 인터넷에서 자료를 찾았다.

② 한국에는 횡단보도나 거리에 턱이 없는 곳이 많다.

③ 시각 장애인은 안내견과 함께 모든 건물에 들어갈 수 있다.

④ 정호는 안나와 호민의 정보를 하나로 정리하면 좋겠다고 생각한다.

기능 확인하기

모둠 활동을 할 때 정보를 수집하고 그 정보를 모둠원에게 공유하는 것은 매우 중요합니다. 정보 수집 방법에는 문헌 조사, 설문 조사, 현지 조사, 인터뷰가 있습니다. 수집한 정보를 공유하기 전에 정보의 사실성과 그 가치에 대해 스스로 판단해야 합니다. 그리고 공유할 때에는 공유할 가치가 있는 중요한 정보를 중심으로 해야 합니다.

▨ 다음 중 정보 수집하기 및 공유하기에 대한 설명으로 알맞지 <u>않은</u> 것을 고르세요.

① 전문가 인터뷰를 통해 정보를 수집할 수 있다.

② 책이나 신문 등을 통해 정보를 수집할 수 있다.

③ 조사하여 수집한 정보는 다시 확인하지 않아도 된다.

④ 정보를 공유할 때에는 가치가 있고 중요한 정보를 공유해야 한다.

활동하기

▨ 다른 나라의 '교통 약자의 이동권 보호를 위한 노력'에 대해 조사하고 친구들과 공유해 보세요.

교통 약자의 이동권 보호를 위한 노력　

〈내가 찾은 정보〉	〈친구가 찾은 정보〉

학습하기 2

■ 모둠 활동 하기에서 토의하기에 대해 알아봅시다.

토의하기란 공동의 관심사가 되는 어떤 문제에 대하여 가장 바람직한 해결 방법을 찾기 위해 집단 구성원이 의견을 나누는 과정을 말한다.

'생활 속 과학 원리'에 대해 조사하는 모둠 과제를 해야 한다. 그래서 모둠원이 모여 우리가 생활하면서 쉽게 볼 수 있는 과학 원리에 대해 토의를 하고 있다.

 토의 주제 이해하기

'생활 속 과학 원리'를 주제로 모둠 과제를 하기 위해 우리 주변에서 쉽게 찾을 수 있는 다양한 과학 원리 중 한 가지를 선택해야 한다. 수업 시간에 배운 다양한 과학 원리 중에서 우리가 실생활에서 자주 볼 수 있는 것은 무엇일까?

 의견 교환하기

정호

1 생활 속 마찰력에 대해서 하면 어떨까? 예를 들어 겨울에 눈이나 비가 온 다음에 모래를 뿌리는 것, 자동차 바퀴의 모양 등이 모두 마찰력과 관련이 있어.

선영

3 생활 속에서 자주 볼 수 있는 관성에 대해서 하는 건 어때? 버스가 갑자기 출발하거나 갑자기 멈춰서 넘어지는 것, 양념통을 흔들어서 양념을 뿌리는 것 등이 모두 관성 때문이라고 해.

2 나도 같은 생각이야. 일상생활에서 우리는 마찰력을 많이 이용하고 있잖아. 다양한 마찰력의 예를 마찰력이 클 때와 작을 때로 비교해서 정리하기도 좋고.

4 나도 관성에 대해서 하는 게 좋다고 생각해. 관성에 대한 우리의 경험을 추가할 수도 있고 관련 영상이나 다양한 자료를 만들 수 있을 것 같아.

영수

와니

토의하기

토의하기

- 토의의 주제는 관심을 가지고 공감할 수 있는 문제여야 하며, 여러 가지 의견이 나올 수 있어야 한다.
- 토의를 하면 다양한 의견을 알 수 있다.
- 소수의 좋은 의견도 충분히 살펴볼 수 있다.
- 여러 사람이 의논하여 가장 좋은 해결 방법을 찾을 수 있다.
- 하나의 의견으로 결정하기 힘들 때에는 다수결의 방법을 사용할 수 있다.

토의할 때 태도

- 상대방의 말이 끝난 다음에 말을 해야 한다.
- 다른 사람에게 이야기할 때에는 예의 있게 말해야 한다.
- 의견을 말할 때에는 돌아가면서 의견을 말해야 한다.
- 주제에 알맞은 의견을 이야기해야 한다.
- 모두가 만족하는 방법을 선택해야 한다.

 의견 종합하기

	생활 속 과학 원리	이유
정호의 의견	마찰력	다양한 예가 많음.
선영의 의견	마찰력	마찰력의 예를 비교해서 정리하기 좋음.
영수의 의견	관성	자주 볼 수 있음. 다양한 예가 많음.
와니의 의견	관성	관련 경험을 추가할 수 있음. 다양한 자료를 만들 수 있음.

 해결 방안 선택하기

❷ 와니의 의견처럼 다양한 자료를 만들 수 있는 관성에 대해서 하는 게 어때? 다른 모둠과 다르게 우리 모둠만의 과제를 완성할 수 있을 것 같아.

❶ 모두 다 좋은 의견 같아. 그런데 둘 다 할 수는 없으니까 한 가지로 결정해야 해. 마찰력과 관성 중에서 어떤 걸로 정하는 게 좋을까?

정호　영수　선영　와니

❹ 나와 영수도 같은 생각이야. 그럼 관성에 대해서 조사를 하자.

❸ 나도 선영이랑 같은 생각이야. 그리고 경험도 추가할 수 있어서 좋을 것 같아. 다들 어떻게 생각해?

토의를 하면 주제에 대한 다양한 의견들을 알 수 있구나. 토의를 통해 내가 생각하지 못한 것도 알 수 있었어.

학습하기 2 다지기

▨ 〈보기〉에서 알맞은 말을 골라 문장을 완성하세요.

〈보기〉

| 공동 | 구성원 | 바람직하다 | 원리 | 토의 |

(1) 우리 조는 (   )들 사이에 협동이 잘 된다.

(2) 건강을 위해 매일 운동을 하는 것이 (   ).

(3) 동아리란 (   )의 관심사를 가진 사람들의 모임이다.

(4) 과학의 (   )을/를 이용하면 무거운 물건도 쉽게 들 수 있다.

(5) 이 문제는 다음 회의 시간에 (   )해서 해결 방안을 찾기로 했다.

▨ 학습하기 2의 내용과 같은 것을 고르세요.

① 정호는 관성의 예를 이야기했다.

② 와니는 다양한 예를 근거로 자신의 의견을 이야기했다.

③ 선영은 마찰력의 예를 비교해서 정리하기 좋다고 했다.

④ 영수는 우리 주변에서 마찰력을 쉽게 볼 수 있다고 했다.

기능 확인하기

모둠 활동은 혼자 하는 것이 아니기 때문에 다른 사람과 토의하는 것이 중요합니다. 한 사람이 가진 지식의 양이나, 생각할 수 있는 범위는 한계가 있습니다. 토의를 진행하면 여러 의견을 나누면서 그 의견들을 비교하고 종합하여 가장 바람직한 해결 방법을 찾을 수 있습니다. 또한 다른 사람의 의견을 들으면서 자신이 생각하지 못한 것에 대해서도 알 수 있습니다.

▨ 다음 중 토의의 주제로 알맞은 것을 모두 고르세요.

① 착한 거짓말은 해도 될까?
② 오늘 저녁에 무엇을 먹을까?
③ 아침 활동 시간에 무엇을 하면 좋을까?
④ 수업 시간에 휴대 전화를 사용해도 될까?

활동하기

▨ 아래의 주제로 친구들과 토의해 보세요.

토의 주제	축제 때 우리 반은 무슨 장기 자랑을 할까?
내 의견	
친구 의견	
친구 의견	
친구 의견	
토의 결과	

지식 더하기

국어

공동체 같은 이념 또는 목적을 가지고 있는 집단.
#community #община #cộng đồng #동영상

대안 어떤 일을 처리하거나 해결하기 위한 계획이나 의견.
#alternative #альтернатива #đề án

화제 이야기할 만한 재료나 소재.
#topic #тема #đề tài nói chuyện #동영상

수학

상관관계 한쪽이 변하면 다른 한쪽도 따라서 변하는 관계.
#correlation #взаимосвязь #quan hệ tương quan #동영상

접선 곡선이나 원의 한 점에 닿는 직선.
#tangent line #касательная прямая #tiếp tuyến #동영상

사회

공존 두 가지 이상의 현상이나 성질, 사물이 함께 존재함.
#coexistence #сосуществование #sự cùng tồn tại #동영상

권리 어떤 일을 하거나 다른 사람에게 요구할 수 있는 정당한 힘이나 자격.
#authority #право #quyền lợi #동영상

분쟁 서로 물러서지 않고 치열하게 다툼.
#dispute #ссора #sự phân tranh #동영상

과학

탄성 물체에 외부에서 힘을 가하면 부피와 모양이 바뀌었다가, 그 힘을 없애면 본디의 모양으로 되돌아가려 하는 성질.
#elasticity #эластичность #tính đàn hồi #동영상 #그림

항상성 늘 일정한 상태를 유지하려는 성질.
#homeostasis #гомеостаз #tính ổn định

5과 책 읽기

책 읽기

책을 읽는 과정과 방법

책 읽기 전

◆ 읽는 목적 확인하기
◆ 책의 제목, 차례, 그림 등을 보고 글의 내용 예상해 보기
◆ 자신의 경험과 배경지식 활성화하기
◆ 글의 내용에 관한 질문 만들기

책의 제목이나 그림 등을 보면서 질문을 만들 수 있다.

책 읽는 중

◆ 궁금하거나 중요한 내용에 표시하며 읽기
◆ 읽기 전에 예측한 내용과 글의 내용을 비교하며 읽기
◆ 읽기 전에 만든 질문의 답을 찾으며 읽기
◆ 등장인물의 생각과 자기 생각을 비교하며 읽기
◆ 글쓴이의 의도를 추론하며 읽기

이해하기 어려운 단어나 내용이 나오면 사전이나 다양한 자료를 활용하여 문제를 해결할 수 있다.

글쓴이가 이 글을 쓴 이유, 글쓴이가 하고 싶은 이야기 등이 무엇인지 추론할 수 있다.

책을 많이 읽는 것도 중요하지만 책을 잘 읽는 것도 중요해요.
그럼 지금부터 책을 읽는 과정과 방법에 대해 알아볼까요?

책 읽은 후

◆ 내용을 요약하고 주제 찾기
◆ 추가로 알고 싶은 내용 정리하여 자료 찾기
◆ 글에 대한 자신의 평가를 주변 친구들의 평가와
  비교하기
◆ 새로 알게 된 내용이나 깨달은 점을 글로 정리하기
◆ 내 삶에 적용해 보기

책을 읽고 내용을 요약하며 주제를 찾
는 활동을 통해 글쓴이가 하려고 하는
말을 더 잘 이해할 수 있다.

책을 다 읽은 다음에 읽은 내용을 독서 감상문
이나 요약문으로 정리할 수 있다. 이때 새로 알
게 된 내용이나 깨달은 점도 정리할 수 있다.

책을 읽으면서 얻은 교훈을 자신의 삶
에 적용하거나 사회에 적용할 수 있는
방법에 대해 고민할 수 있다.

독서의 효과

– 학습하는 능력과 생각하는 능력을
  키울 수 있다.
– 글을 읽고 쓸 수 있는 능력을 키울
  수 있다.
– 지식과 교양을 쌓을 수 있다.

좋은 책을 고르는 방법

– 오랜 시간 동안 많은 사람들이 읽은
  책을 고른다.
– 상상력을 자극하고 궁금증을 유발
  하는 주제의 책을 고른다.
– 어려운 어휘가 지나치게 많거나 지
  금의 지식수준으로 이해하기 어려
  운 내용의 책은 고르지 않는다.

학습하기 1

책 읽기에서 주제 찾기에 대해 알아봅시다.

주제 찾기란 글의 내용과 현상과의 관계를 앎으로써 글 쓴 사람이 표현하려고 하는 주된 생각을 찾는 것을 말한다.

선생님께서 글의 주제 찾기 숙제를 내주셨다. 그래서 호민이는 글을 읽어 가면서 각 문단의 중심 내용을 찾고, 그 중심 내용들 사이의 관계를 파악할 것이다. 그리고 파악한 내용들을 종합하여 글의 주제를 찾으려고 한다.

작가는 이 글을 통해 독자에게 무슨 말을 전하고 싶은 걸까? 글의 주제를 찾기 전에 먼저 글의 목적에 대해서 생각해 봐야겠어.

경쟁이란 같은 목적에 대하여 이기거나 앞서려고 서로 겨루는 것을 말한다. 일부 사람들은 결과만을 중시하며 경쟁에서 무조건 이기기 위해 수단과 방법을 가리지 않는다. 이 과정에서 심각한 문제가 생기기도 한다. 이 때문에 경쟁을 부정적으로 생각하는 사람들이 있다. 그러나 경쟁이 나쁜 것만은 아니다.

개인적인 측면에서 보면 같은 목표를 이루기 위해 노력하는 사람들과 경쟁함으로써 자신의 능력을 최대한 발휘할 수 있게 된다는 장점이 있다. 그리고 경쟁을 하는 과정에서 자신의 약점을 발견해 문제를 해결하기도 하고 목표를 이루기 위해 나아가야 할 방향을 찾게 해 주기도 한다.

사회적인 측면에서는 경쟁이 인재를 찾는 기회가 되기도 하며 경쟁을 통해 사회가 발전하기도 한다. 어떤 분야에서는 집단과 집단이 경쟁하면서 그 분야에 큰 발전을 가져오기도 한다. 우주 과학 분야나 의약 분야가 그 대표적인 예이다.

한 학자는 "경쟁이 없는 사회에는 발전도 없다."라고 말했다. 지나친 경쟁이 가져올 수 있는 부정적인 면들이 일어나지 않도록 주의하면서 긍정적인 측면을 추구하려고 노력하면 경쟁은 개인과 사회의 발전에 큰 도움이 될 것이다.

주제 찾기

글을 구성하고 있는 문단들은 모두 주제를 뒷받침하기 위해 쓰인 것이다.
그러므로 각 문단의 중심 내용을 연결하여 요약하면 주제를 찾을 수 있다.

- 문단은 중심 내용과 중심 내용을 보완하는 내용으로 이루어져 있다.
- 각 문단의 중심 내용을 찾기 위해서는 핵심이 되는 단어나 표현을 찾아야 한다.
- 중심 내용은 세부 내용을 모두 포괄할 수 있는 내용이어야 한다.

1 글의 목적 확인하기

글의 목적: 주변 사람들에게 경쟁의 의미를 알려 주기 위해서

2 각 문단의 중심 내용 찾기

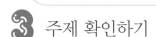
첫 번째 문단에서는 경쟁의 의미와 함께 경쟁이 나쁜 것만은 아니라고 말하고 있어.

두 번째와 세 번째 문단에서는 개인적인 측면과 사회적인 측면에서 경쟁의 장점을 이야기하고 있어.

마지막 문단에서는 경쟁의 긍정적인 면을 추구해야 한다고 말하고 있어.

3 주제 확인하기

주제: 발전을 위해서 경쟁이 꼭 필요하다.

4 주제문 작성하기

개인과 사회의 발전을 위해 경쟁을 긍정적으로 활용해야 한다.

책을 읽은 뒤에 각 문단의 중심 내용을 찾고 요약하니까 이 글의 주제를 더 쉽게 찾을 수 있었어.

학습하기 1 다지기

■ 〈보기〉에서 알맞은 말을 골라 문장을 완성하세요.

〈보기〉

| 독자 | 수단 | 종합 | 주의 | 핵심 |

(1) 보고서의 (   )만을 간단히 요약하여 발표했다.

(2) 이 책은 다양한 그림으로 (   )의 흥미를 끌고 있다.

(3) 반 대표는 반 친구들과 선생님의 의견을 (   )하여 선정된다.

(4) 과학실에는 위험한 물건이 많으니 다치지 않게 (   )해야 한다.

(5) 휴대 전화는 현재 우리 사회에서 가장 많이 사용되는 통신 (   )이다.

■ 학습하기 1의 내용과 같은 것을 고르세요.

① 경쟁을 하면 문제를 해결할 수 없다.

② 경쟁을 하면 자신의 능력이 떨어진다.

③ 경쟁에서 긍정적인 면을 찾기 어렵다.

④ 경쟁하는 사람들은 같은 목적을 가지고 있다.

기능 확인하기

책을 읽을 때 글의 주제를 찾는 것이 중요합니다. 주제는 글쓴이가 말하려고 하는 것입니다. 각 문단의 중심 내용을 찾고, 그 내용들 사이의 관계를 파악하여 종합하면 글의 주제를 찾을 수 있습니다. 각 문단의 중심 내용을 찾을 때는 핵심이 되는 단어나 표현을 찾는 것이 중요합니다. 중심 내용은 세부 내용을 모두 포괄하는 내용이어야 합니다.

■ 다음 중 주제를 찾는 방법으로 알맞지 <u>않은</u> 것을 고르세요.

① 글의 세부 내용을 요약한다.　　② 각 문단의 중심 내용을 찾는다.

③ 중심 내용을 종합해서 간추린다.　　④ 글에서 핵심이 되는 단어나 표현을 찾는다.

활동하기

■ 다음 글을 읽고 글의 주제문을 작성해 보세요.

최근 줄임말을 사용하는 것이 유행하고 있다. 줄임말은 원래 있는 말을 짧게 만든 것이다. 줄임말 사용이 증가하면서 사회에 여러 문제점들이 생기고 있다.

여러 문제점 중 하나는 단어가 원래의 형태를 잃어버려 뜻을 알기 어려운 줄임말이 많다는 것이다. 어떤 사람들은 컴퓨터나 휴대 전화를 사용할 때 빨리 글을 쓰기 위해 보통의 줄임말의 방식을 넘는 수준으로 말을 줄여 사용한다. 말과 글의 기능은 다른 사람과 소통하는 것이다. 그러나 말을 심하게 줄여 사용하면 그 줄임말의 뜻을 아는 사람과 모르는 사람 사이에서는 소통이 안 될 수 있다.

옛날의 언어와 현재의 언어가 다른 것처럼 언어는 항상 변한다. 줄임말도 언어가 변해 가는 모습의 하나라고 생각할 수 있다. 그러나 일반적인 방식과 수준을 넘어 뜻을 알기 어렵게 줄여서 사용하는 것은 올바른 언어의 변화 모습이라고 볼 수는 없을 것이다.

주제문

_____

학습하기 2

추론하기란 이미 알려진 정보를 근거로 하여 새로운 판단을 이끌어 내는 것을 말한다.

선영이가 책을 읽다가 재미있는 문제를 보았다. 그래서 친구들과 함께 문제를 읽고 각자 자신의 생각을 제시하고 있다.

누가 야구 선수일까?

아래의 그림을 보면 세 명의 사람들이 있다. 세 사람 중에서 딱 한 명만 진짜 야구 선수이다. 1번은 야구 단체복을 입고 있다. 2번은 야구 방망이를 들고 공을 치는 자세를 하고 있다. 3번은 운동을 하고 있다. 그리고 그 옆에 야구할 때 사용하는 장갑과 야구공이 있다. 이 중에서 누가 진짜 야구 선수일까?

나는 ①번이 야구 선수라고 생각해. 선수가 아닌 사람이 야구 단체복을 입는 것은 흔한 일이 아니니까 이 사람이 당연히 야구 선수가 아닐까? ②번 사람은 선수가 아닐 거야. 선수라면 야구복이나 운동복을 입고 하겠지. 그리고 선수가 아니라도 야구공을 칠 수 있는 연습장이 많아. ③번 그림의 야구공이나 장갑도 꼭 그 사람의 것이라고 할 수 없으니 선수가 아닐 수도 있어.

호민

추론의 방법

❶ **사례에 의한 추론** 비슷한 사례로 결론을 추론하는 것이다.

❷ **원칙에 의한 추론** 일반적인 원칙이나 지식으로 결론을 추론하는 것이다.

❸ **인과적 추론** 주장과 근거 사이에 인과 관계가 있을 때 그 인과 관계로 추론하는 것이다.

❹ **유추에 의한 추론** 비슷한 두 가지 사례를 비교해서 하나가 참이면 다른 하나도 참이라고 생각해서 추론하는 것이다.

안나

나는 ③번이 야구 선수라고 생각해. 그냥 운동 선수라고 생각할 수도 있지만 자세히 보면 옆에 야구할 때 꼭 필요한 야구 장갑과 공이 있어. 그냥 운동하는 사람이 야구 장갑과 공을 가지고 다닐 이유가 없지. 그리고 난 이 사람이 야구 선수이기 때문에 기본이 되는 체력 운동을 열심히 한다고 생각해.

• 의사소통 3권 5과 '-자고'

정호

야구 단체복은 야구 선수가 아니어도 입을 수 있어. 전에 아빠가 같이 야구 단체복을 <u>사자고</u> 해서 나도 집에 야구 단체복이 있어. 그래서 나는 ①번이 야구 선수라는 건 인정할 수 없어. 그리고 야구는 야외에서 하는 운동이어서 ①번처럼 피부가 하얀 사람보다 ②번이나 ③번처럼 피부가 탄 사람이 많아. 내가 야구 경기를 자주 관람하러 가는데 피부가 탄 선수들을 많이 봤어. 그래서 나는 ②번이 야구 선수인 것 같아. 공을 치는 자세를 보면 야구 선수가 분명해.

설명을 들어 보니 다 그럴 듯한데⋯⋯. 같은 그림을 보고도 저마다 다르게 추론할 수 있구나.

학습하기 2 다지기

어휘 확인하기

■ 〈보기〉에서 알맞은 말을 골라 문장을 완성하세요.

〈보기〉

결론	원칙	인정	제시	추론

(1) 도서관에 들어가려면 학생증을 (   )해야 한다.

(2) 그 소설의 (   )이/가 어떻게 되었는지 궁금하다.

(3) 이 화가는 이번 작품을 통해 국제적으로 (   )받았다.

(4) 김 박사는 현재를 기준으로 십 년 후의 인구를 (   )하였다.

(5) (   )을/를 지켜 일을 처리하면 좋은 결과로 이어지는 경우가 많다.

내용 확인하기

■ 학습하기 2의 내용과 같으면 O, 다르면 X 하세요.

(1) 호민은 야구 운동복을 보고 답을 추론했다.   (   )

(2) 안나는 ③번 사람이 다른 운동 선수라고 생각한다.   (   )

(3) 정호는 ①번과 ③번이 답이 아닌 이유를 이야기했다.   (   )

(4) 호민, 안나, 정호의 추론 결과와 이유는 모두 다르다.   (   )

기능 확인하기

추론하기는 이미 알려진 정보를 근거로 하여 새로운 판단을 이끌어 내는 것을 말합니다. 추론 방법에는 사례에 의한 추론, 원칙에 의한 추론, 인과적 추론, 유추에 의한 추론이 있습니다. 사례에 의한 추론은 비슷한 사례로 결론을 추론하는 것입니다. 원칙에 의한 추론은 일반적인 원칙이나 지식으로 결론을 추론하는 것입니다. 인과적 추론은 주장과 근거 사이의 인과 관계로 추론하는 것입니다. 유추에 의한 추론은 비슷한 두 가지 사례를 비교해서 하나가 맞으면 다른 하나도 맞다고 생각해서 추론하는 것입니다.

■ 다음 중 학습하기 2에서 정호가 사용한 추론의 방법으로 알맞은 것을 고르세요.

> 야구는 야외에서 하는 운동이어서 피부가 하얀 사람보다 피부가 탄 사람이 많아. 내가 야구 경기를 자주 관람하러 가는데 피부가 탄 선수들을 많이 봤어. 그래서 나는 2번이 야구 선수인 것 같아.

① 인과적 추론　　　　② 원칙에 의한 추론

③ 사례에 의한 추론　　④ 유추에 의한 추론

활동하기

■ 가방 안에 들어 있는 물건을 보고 가방의 주인을 추론해 보세요.

지식 더하기

국어

귀납 여러 가지 구체적 사실로부터 일반적인 결론이나 법칙을 이끌어 냄.
#induction #индукция #sự quy nạp #동영상

연역 일반적 사실이나 원리로부터 개별적인 사실이나 특수한 원리를 결론으로
이끌어 냄.
#deduction #дедукция #diễn dịch #동영상

화법 말하는 방법.
#style of speech #манера говорения #cách nói #동영상

수학

겉넓이 수학에서, 물체 겉 부분의 넓이.
#outer area #площадь поверхности #diện tích bề mặt #동영상 #그림

합동 두 개의 도형이 크기와 모양이 똑같은 것.
#congruence #Одинаковые размеры и формы двух фигур
#sự tương đẳng #동영상 #그림

사회

규율 사회나 조직의 질서를 유지하기 위하여 사람들이 따르도록 정해 놓은 규칙.
#regulation #дисциплина #quy luật

이념 한 국가나 사회, 개인이 가지고 있는 생각의 근본이 되는, 이상적으로 여겨지는 사상.
#ideology #иделогия #ý niệm

사법부 사건에 법을 적용해 잘잘못을 따지는 권한을 가진 대법원 및 대법원이 관리하는 모든 기관.
#judicial branch #органы юстиции и прокуратуры #Bộ tư pháp #동영상

과학

팽창 부풀어서 크기가 커짐.
#expansion #раздутость #sự nở ra #동영상

형질 사물의 생긴 모양과 성질.
#characteristic #качество #hình thức và phẩm chất #동영상

6과 필기하기

더 배워요(선택)
통신과 소통

학습 도구(선택)
필기하기

꼭 배워요(필수)
**소식과
정보 전하기**

필기하기

 필기란

⎰ 필기의 의미

수업을 들으면서 또는 수업을 들은 후에 배운 내용을 적는 것을 필기라고 해요.

❷ 필기의 중요성

❶ 수업 내용을 모두 기억할 수는 없다. 그래서 기록을 남겨 두어야 한다.
❷ 필기를 하면 수업 내용에 더 집중할 수 있다.
❸ 잘 필기하여 정리한 노트는 복습할 때나 시험 준비할 때 도움이 된다.

❸ 필기 방법

❶ 필기는 교과서에 직접 할 수도 있고, 공책에 따로 해도 된다.
❷ 공책에 따로 필기할 때 코넬식 노트 필기법을 활용할 수 있다.

알게 된 정보나 내용 중 필요한 것을 잘 기록해 두면 좋아요. 공부할 때에도 중요한 내용을 중심으로 잘 필기해 두면 좋아요.

 필기 방법의 예시: 코넬식 노트 필기 방법

제목 영역

단원명이나 수업의 주제를 적는다.

핵심 개념 영역

노트 정리 영역

핵심 개념을 쓴다.
- 핵심 단어로 표현한다.
- 핵심 단어를 질문으로 표현한다.

수업을 들으면서 수업 내용을 메모한다.
- 모든 내용을 적을 필요는 없고, 중요한 내용을 구분하고 분류해서 적는다.
- 나중에 내용을 보충할 수 있도록 공간을 확보하면서 핵심 내용을 기록한다.

요약정리 영역

중요한 내용을 요약한다.
- 한두 줄로 만든다.
- 정리한 내용으로 질문을 만들 수도 있다.

학습하기 1

메모하기란 어떤 내용을 잊어버리지 않기 위해 중요한 점을 간단하고 짧게 적어 두는 것을 말한다.

호민이가 국어 수업 시간에 수업을 들으면서 선생님께서 하시는 말씀과 칠판에 쓰시는 내용을 메모하고 있다.

선생님께서 하신 말씀은 파란색으로 쓰고 선생님께서 칠판에 쓰신 내용은 주황색으로 써서 구분해야겠다.

소설: 작가가 상상해서 꾸며 쓴 이야기

소설의 작가는 작품의 배경이나 등장인물의 말과 행동을 통해 우리가 살고 있는 세계를, 그리고 이에 대한 생각을 드러냄.

☆ 소설의 3요소
주제: 중심 생각
구성: 이야기의 짜임
문체: 작가만의 독특하고 개성적인 표현

소설이란 현실 세계에서 일어날 수 있는 일을 작가가 상상하여 꾸며 쓴 이야기를 말한다. 작가는 삶의 진실을 흥미 있게 표현하여 독자에게 감동과 교훈을 준다.

소설에는 크게 세 가지 요소가 있다. 주제, 구성, 문체가 소설의 3요소이다. 주제는 글쓴이가 작품을 통해서 나타내려고 하는 중심 생각이고, 구성은 이야기의 짜임을 말한다. 주제나 내용을 효과적으로 표현하기 위해 글의 재료들을 질서 있게 늘어놓는 것이 바로 구성이다. 문체는 문장에 나타나는 글쓴이의 독특하고 개성적인 표현을 말한다.

메모하기

메모하기

- 들으면서 중요하다고 생각하는 내용을 적는다. ┈┈┈┈┈► 의사소통 3권 6과 '-는다면'
- 내가 잘 아는 <u>내용이라면</u> 단서가 되는 말만 적는다.
- 내용을 모두 적다가 중요한 내용을 못 쓸 수도 있으므로 간략하게 적는 것이 좋다.
- 알아볼 수 있게 적어야 한다.
- 동그라미, 별표, 화살표 등의 간단한 기호를 사용하는 것도 좋다.

소설의 구성 또한 세 가지 요소가 있다. 소설에서의 인물, 사건, 배경을 소설 구성의 3요소라고 한다. 소설의 구성이란 재료가 되는 사건을 원인과 결과의 관계에 따라 배열하는 일을 말한다. 즉, 어떤 배경에서 어떤 인물이 어떤 사건을 겪게 만들 것인지, 처음에는 어떻게 시작하고 중간에는 어떻게 배치하고 마무리는 어떻게 맺을 것인지 이야기를 짜는 것이다. 그러므로 소설의 구성은 '인물'과 '사건'과 '배경'을 어떻게 엮느냐의 문제라고 할 수 있다.

☆ 소설 구성의 3요소
 - 인물: 소설 속 등장인물
 - 사건: 등장인물이 겪거나 벌이는 일과 행동
 - 배경: 인물들이 활동하는 시간이나 장소

 - 배경 ⟨ 시간적 배경
       공간적 배경

 - 시간적 배경: 작품이 전개되는 때, 시대, 계절, 시간
 - 공간적 배경: 인물이 활동하고 사건이 전개되는 장소

수업을 들으면서 메모를 해 놓으면 나중에 다시 공부할 때 유용하겠어.

학습하기 1 다지기

어휘 확인하기

■ 〈보기〉에서 알맞은 말을 골라 문장을 완성하세요.

> 〈보기〉
>
> | 배치 | 상상 | 요소 | 전개 | 질서 |
> |------|------|------|------|------|

(1) 나는 10년 후의 나의 모습을 (   )해 봤다.

(2) 주제에 맞도록 글의 내용을 (   )해야 한다.

(3) 인물, 사건, 배경은 소설을 구성하는 3(   )이다.

(4) 시험을 보기 위해 청소가 끝난 뒤 책상 (   )을/를 바꿨다.

(5) 공연이 끝난 후 학생들은 (   ) 있게 공연장을 빠져나갔다.

내용 확인하기

■ 학습하기 1의 내용과 같은 것을 고르세요.

① 소설은 작가의 실제 이야기이다.

② 배경은 소설의 3요소 중 하나이다.

③ 문체는 작가의 개성적인 표현이다.

④ 작가의 중심 생각을 사건이라고 한다.

기능 확인하기

필기를 할 때 메모를 하는 것은 매우 중요합니다. 메모는 어떤 이야기를 들으면서 중요하다고 생각하는 내용을 적는 것입니다. 이때 내용을 모두 적으면 중요한 내용을 못 쓸 수도 있기 때문에 간략하게 적는 것이 좋습니다. 또한 알아볼 수 있는 글씨체로 써야 합니다. 메모는 간단하게 쓰는 것이므로 글자가 아니라 다양한 기호를 사용하거나 그림, 표를 그려서 적을 수도 있습니다.

▨ 다음 〈보기〉에서 사용한 메모 방법을 모두 써 보세요.

〈보기〉

	바람의 방향	바람의 속도	
여름철	고기압 저기압 해양┉▶대륙(남서·남동풍)	약함	☆ 바람은? 고┉▶저기압
겨울철	고기압 저기압 대륙┉▶해양(북서풍)	강함	

_____

_____

활동하기

▨ 다음 을 보면서 아래에 메모해 보세요.
그리고 자신의 메모와 친구의 메모를 비교해 보세요.

필기하기에서 분류하기에 대해 알아봅시다.

분류하기란 여러 대상을 어떤 기준에 따라 같은 특성을 가진 것끼리 묶어서 나누는 것을 말한다.

수업 시간에 '태양계 행성의 특징'에 대해서 배웠다. 수업이 끝나고 나서 와니는 배운 내용을 코넬식 노트 필기 방법으로 다시 정리하는 중이다.

의사소통 3권 6과 '-고 나다'

의사소통 3권 6과 '-는 중이다'

태양계 행성의 특징

　우리가 살고 있는 태양계에는 수성, 금성, 지구, 화성, 목성, 토성, 천왕성, 해왕성이 있다. 여덟 개의 태양계 행성은 각각의 특징을 가지고 있다. 수성은 태양계에서 크기가 가장 작은 행성으로 달보다 약간 크다. 금성은 크기와 질량이 지구와 비슷하다. 지구는 대기와 액체 상태의 물이 존재한다. 또한 단 하나의 위성인 달이 있다. 화성의 지름은 지구의 절반 정도이다. 화성에는 2개의 위성이 있다. 목성은 태양계에서 가장 큰 행성으로 지름이 지구의 11배 정도이며, 64개 이상의 위성이 있다. 토성은 태양계에서 두 번째로 큰 행성이다. 또한 태양계에서 밀도가 가장 작은 행성이기도 하다. 천왕성의 지름은 지구의 4배 정도이다. 천왕성에는 위성과 고리가 있다. 마지막으로 해왕성은 태양계에서 가장 바깥쪽에 위치한 행성이며 크기는 천왕성과 비슷하다.

	수성	금성	지구	화성	목성	토성	천왕성	해왕성
반지름	0.38	0.98	1	0.53	11.2	9.4	4.0	3.9
질량	0.06	0.8	1	0.1	318	95	14.5	17.2
밀도	5.4	5.2	5.5	3.9	1.3	0.7	1.3	1.6
위성 수	0	0	1	2	64	62	27	13
고리	X	X	X	X	O	O	O	O

태양계 행성의 특징

분류하기

분류하는 방법

❶ 대상들의 특성을 살핀다.

❷ 대상의 공통점과 차이점을 찾는다.

❸ 찾은 공통점과 차이점을 이용하여 분류 기준을 정한다.

❹ 분류 기준에 따라 대상을 나눈다. 공통적인 성질이 있는 것을 하나로 묶고, 공통적인 성질이 없는 것을 다른 하나로 묶는다.

태양계 행성의 특징

우리가 살고 있는 우주의 행성을 어떻게 분류할 수 있을까?

태양계 행성은 반지름, 질량, 밀도 등을 기준으로 지구형 행성과 목성형 행성으로 구분할 수 있음.

지구형 행성

–지구와 비슷한 특성을 가진 행성: 수성, 금성, 지구, 화성

–크기와 질량이 작음.

–무거운 성분들로 이루어져 있어서 밀도가 큼.

–위성이 없거나 한두 개 있음.

목성형 행성

–목성과 비슷한 특성을 가진 행성: 목성, 토성, 천왕성, 해왕성

–크기와 질량이 큼.

–밀도가 상대적으로 작음.

–고리가 있음.

–많은 위성을 가지고 있음.

우리가 살고 있는 태양계의 행성은 지구형 행성과 목성형 행성으로 분류할 수 있다.

기준에 따라 분류하니 대상들 간의 공통점과 차이점을 더 분명하게 알 수 있구나.

학습하기 2 다지기

어휘 확인하기

▨ 〈보기〉에서 알맞은 말을 골라 문장을 완성하세요.

> **〈보기〉**
>
> 공통점   분류   성분   존재   특징

(1) 이 물질은 상온에서 액체 형태로 (   )한다.

(2) 식물을 형태에 따라 몇 가지로 (   )할 수 있다.

(3) 정호와 나의 (   )은/는 둘 다 등산을 좋아한다는 것이다.

(4) 그의 작품은 화려한 색채로 인간성을 표현한 것이 (   )이다.

(5) 이 화장품은 천연 (   )으로/로 구성되어 있어서 피부 건강에 좋다.

내용 확인하기

▨ 학습하기 2의 내용과 같으면 O, 다르면 X 하세요.

(1) 수성은 달보다 작다.   (   )

(2) 금성과 지구는 질량이 비슷하다.   (   )

(3) 토성은 태양계에서 밀도가 가장 작은 행성이다.   (   )

(4) 태양계 행성은 목성형 행성과 지구형 행성으로 나눌 수 있다.   (   )

기능 확인하기

필기하는 방법 중에는 분류하기가 있습니다. 분류하는 방법은 먼저 공통점과 차이점을 찾아야 합니다. 그다음에 공통점과 차이점을 이용하여 분류 기준을 정합니다. 그리고 그 기준에 따라 대상을 공통적인 성질이 있는 것과 공통적인 성질이 없는 것으로 나누어서 묶을 수 있습니다.

■ 분류하는 방법을 순서에 맞게 정리해 보세요.

(가) 분류 기준 정하기   (나) 공통점과 차이점 찾기   (다) 기준에 따라 같은 것과 다른 것 나누기

분류하는 방법: →   →

활동하기

■ 아래 동물은 가상 동물입니다. 분류 기준을 찾아 아래의 가상 동물을 분류해 보세요.

분류 기준			분류 기준		

분류 기준			분류 기준		

지식 더하기

국어

과장 사실에 비해 지나치게 크거나 좋게 부풀려 나타냄.
#exaggeration #преувеличение #sự phóng đại #동영상

수필 어떤 주제에 대하여 개인적인 느낌이나 의견을 자유로운 형식으로 쓴 글.
#essay #эссе #tùy bút #동영상

풍자 문학 작품 등에서, 현실의 바람직하지 못한 점이나 이치에 맞지 않는 일 등을 빗대어 비웃으면서 씀.
#satirize #сатира #sự trào phúng #동영상

수학

선분 직선 위에 있는 두 점 사이에 한정된 부분.
#line segment #отрезок #đoạn thẳng #동영상 #그림

부등식 수학에서, 왼쪽과 오른쪽의 값이 서로 같지 않음을 나타내는 식.
#inequation #линейное неравенство #bất đẳng thức #동영상 #그림

사회

정권 정치를 맡아 행하는 권력.
#power #политическая власть #chính quyền

입법부 원칙적으로 국회를 가리키는 말로, 법률을 제정하는 국가 기관.
#legislative body #законодательный орган #cơ quan lập pháp #동영상 #그림

혁명 국가나 사회의 제도와 조직 등을 근본부터 새롭게 고치는 일.
#revolution #революция #cách mạng #동영상

과학

성운 구름 모양처럼 퍼져 보이는 천체.
#nebula #галактическая туманность #tinh vân #동영상 #사진

천체 우주에 있는 모든 물체.
#celestial body #светило #thiên thể #동영상 #사진

7과 복습하기

더 배워요(선택)
수학여행

학습 도구(선택)
복습하기

꼭 배워요(필수)
여행하기

학습 목표

복습의 필요성과 복습 방법에 대해 안다.

배운 내용에서 구성 요소와 속성을 확인할 수 있다.

배운 내용에서 핵심적인 내용을 분석할 수 있다.

주제 확인하기

학습하기 1 구성 요소와 속성 확인하기: 배운 내용 전반에 대
한 내용 확인하기(문화의 의미와 특징)

학습하기 2 핵심 정리하기: 핵심 내용 분석해 내기
(지구가 당기는 힘)

복습하기

복습하기

 복습의 중요성 및 효과

여행을 다녀온 뒤 사진을 정리하고 의미를 기록하여 되새기면 오래 기억되는 것처럼, 공부한 것을 체계적으로 복습하면 학습 능력을 향상하는 데 좋아요.

2 복습 계획

- 복습은 한 번 하는 것보다 주기적으로 하는 것이 좋다. 왜냐하면 한 번의 복습으로 모든 것을 다 기억하기는 어렵기 때문이다.

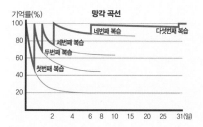

- 가장 효과적인 복습 주기는 10분, 1일, 7일, 30일이다. 이 주기에 맞춰 복습 계획을 세우는 것이 좋다.
- 개인적인 공부 일정이나 시험 일정에 맞춰 복습 계획을 세우는 것이 좋다. 자신이 할 수 있는 양을 미리 정하여 복습을 계획하는 것이 중요하다. 적은 양이라도 꾸준히 복습하는 것이 좋다.

3 복습 방법

교과서 다시 읽기

- 교과서를 다시 읽으면서 배운 내용을 떠올린다.
- 교과서를 읽을 때는 아래의 방법으로 읽을 수 있다.

❶ 전체 내용의 틀을 잡으면서 읽기
❷ 중요한 내용을 파악하면서 읽기
❸ 세부 내용을 정리하면서 읽기

- 차례를 보고 떠오르는 내용을 말하거나 적으면서 배운 내용을 확인할 수도 있다.

교과서를 다시 읽으면서 배운 내용을 확인할 수 있어요.

공책 정리하기

- 교과서 내용, 선생님께서 하신 말씀, 문제집 내용 등을 모두 합쳐 하나로 정리할 수 있다.
- 자신이 이해한 내용으로 요약해서 정리한다.

배운 내용을 공책에 정리하면서 핵심 내용을 분석해 낼 수 있어요.

복습을 할 때에는 복습 시간을 정해서 하는 것이 좋아요. 그리고 복습하는 데 많은 시간을 소모하지 않아야 해요.

■ **복습하기에서 구성 요소와 속성 확인하기에 대해 알아봅시다.**

구성 요소와 속성 확인하기란 대상이 어떤 부분들로 이루어져 있는지를 알고 그것들의 특징을 분명하게 확인하는 것을 말한다.

사회 시간에 배운 '문화의 의미와 특징'에 대해 복습하고 있다. 문화를 구성하는 요소를 확인하여 문화의 개념과 속성을 이해하려고 한다.

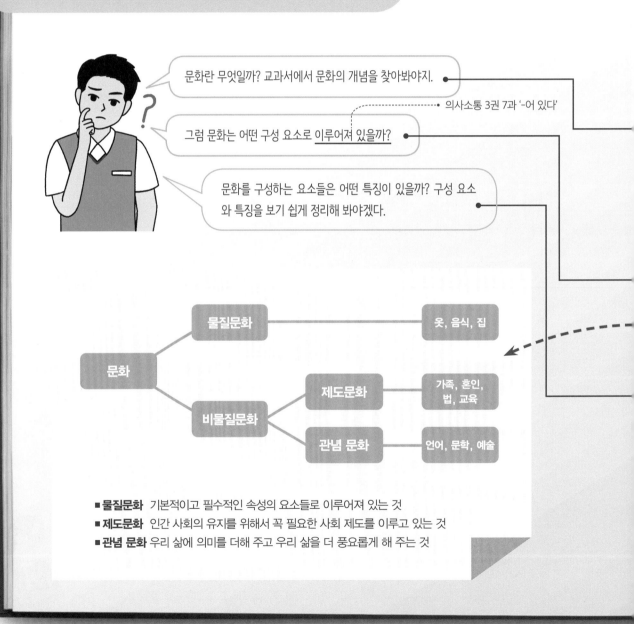

문화란 무엇일까? 교과서에서 문화의 개념을 찾아봐야지.

의사소통 3권 7과 '-어 있다'

그럼 문화는 어떤 구성 요소로 이루어져 있을까?

문화를 구성하는 요소들은 어떤 특징이 있을까? 구성 요소와 특징을 보기 쉽게 정리해 봐야겠다.

물질문화 ——————— 옷, 음식, 집

문화

비물질문화 ——— 제도문화 ——— 가족, 혼인, 법, 교육

관념 문화 ——— 언어, 문학, 예술

■ **물질문화** 기본적이고 필수적인 속성의 요소들로 이루어져 있는 것
■ **제도문화** 인간 사회의 유지를 위해서 꼭 필요한 사회 제도를 이루고 있는 것
■ **관념 문화** 우리 삶에 의미를 더해 주고 우리 삶을 더 풍요롭게 해 주는 것

구성 요소와
속성 확인하기

〈구성 요소와 속성 확인하는 방법〉

■ 대상이 어떤 요소로 구성되어 있는지를 살핀다.

■ 각각의 구성 요소가 어떤 특징이 있는지 확인한다.

■ 각각의 특징과 속성들 중에서 어떤 것이 중요한지 확인한다. 이때 핵심적인 속성과
부가적인 속성으로 나눌 수 있다.

Ⅰ. 문화의 의미와 특징

문화란 한 사회의 구성원들이 자신이 가진 환경에 적응하면서 만들어 온 그 사회의 공통된 생활 양식을 말한다.

의사소통 3권 7과 '-어 오다'

문화는 어떤 요소로 구성되어 있을까?

우리가 지금 읽고 있는 이 책이 우리 손에 오기까지 어떤 문화 요소가 영향을 주었을까? 문자, 종이, 인쇄 기술, 교육과정, 작가의 생각, 책을 만드는 것에 대한 법 등 여러 가지 문화 요소가 관련되어 있다. 문화 요소는 크게 물질적인 요소와 비물질적인 요소가 있다. 비물질적인 요소는 제도적인 요소와 관념적인 요소로 이루어져 있다.

물질적 요소로 이루어진 문화를 물질문화라고 하는데 이것은 옷, 음식, 집 등과 같이 인간의 기본적인 욕구를 충족하고 생존하는 데 필요한 도구나 기술을 말한다. 물질문화는 인간이 환경에 적응하는 데 중요한 수단이 된다. 제도적인 요소로 이루어진 문화는 제도문화라고 한다. 제도문화는 가족, 혼인, 법, 교육, 정치 등 사회 질서와 안정을 유지해 주는 것을 말한다. 관념 문화는 관념적인 요소로 이루어진 것을 가리킨다. 관념 문화는 언어, 문학, 예술 등과 같이 인간의 행동에 의미를 더해 주고 방향을 설명해 주며, 인간의 삶을 풍요롭게 한다.

> 어떤 대상의 구성 요소와 속성을 확인하며 살펴보니까 훨씬
> 더 잘 이해할 수 있구나. 개념이 무엇인지 분명해졌어.

학습하기 1 다지기

어휘 확인하기

■ 〈보기〉에서 알맞은 말을 골라 문장을 완성하세요.

〈보기〉

기술	속성	양식	적응	필수적

(1) 토론은 민주 사회에서 (   )인 부분이다.

(2) (   )에 따라 분류한 후에 공부하면 효과적이다.

(3) 인간의 생활 (   )은/는 자연 환경의 영향을 받는다.

(4) 이 회사는 얼마 전에 새 (   )을/를 개발하는 데 성공했다.

(5) 개학한 뒤 새로운 환경에 (   )하지 못하는 학생들이 있다.

내용 확인하기

■ 학습하기 1의 내용과 <u>다른</u> 것을 고르세요.

① 제도문화는 가족, 혼인, 법 등을 말한다.

② 문화는 한 사회의 공통된 생활 양식을 말한다.

③ 옷, 음식, 집은 비물질문화의 예로 볼 수 있다.

④ 관념 문화는 우리 삶을 더 풍요롭게 만들어 준다.

기능 확인하기

구성 요소와 속성 확인하기란 대상이 어떤 부분들로 이루어져 있는지를 알고 그 요소들을 분명하게 확인하는 것을 말합니다. 구성 요소와 속성을 확인하는 방법은 다음과 같습니다. 먼저 대상이 어떤 요소로 구성되어 있는지를 살핍니다. 그리고 각각의 구성 요소가 어떤 특징이 있는지 확인합니다. 그다음 각각 요소들 사이의 속성 중에서 중요도를 확인합니다. 이때 속성은 핵심적인 속성과 부가적인 속성으로 나눌 수 있습니다.

▨ 다음 중 구성 요소와 속성을 확인하는 방법으로 알맞지 <u>않은</u> 것을 고르세요.

① 구성 요소의 특징에 대해 찾아본다.

② 대상의 특징을 찾아 속성을 나눈다.

③ 여러 요소의 속성 중에서 중요도를 확인한다.

④ 대상이 어떤 요소로 구성되어 있는지를 살핀다.

활동하기

▨ 다음 글을 읽고 '연극'이 무엇인지 연극의 구성 요소를 써 보세요.

연극은 말과 몸짓으로 표현하는 예술의 한 형태이다. 작가가 쓴 이야기에 따라 무대에서 배우들이 이야기 속의 인물로 분장하고 그 이야기에 담긴 어떤 사건이나 인물을 연기하여 관객에게 보여 주는 것을 말한다. 연극이 공연되려면 먼저 줄거리가 있는 작품이 있어야 한다. 이 작품을 희곡이라고 한다. 작품이 결정되면 그것을 표현할 사람, 배우가 필요하다. 배우는 작품 속의 인물로 분장하여 작품의 뜻과 내용을 적극적으로 나타낸다. 그다음에는 이것을 보고 느끼는 사람, 관객이 있어야 한다. 훌륭한 연극이어도 보는 사람이 없으면 쓸모가 없다. 관객이 눈으로 보고 귀로 들어서 어떠한 것을 느끼고 발견할 때에 그 연극은 살아 있는 연극이 되는 것이다.

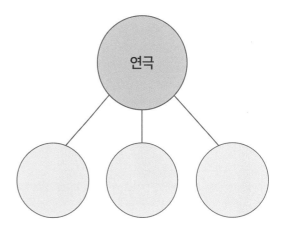

학습하기 2

> 핵심 정리하기란 가장 중심이 되거나 중요한 내용을 체계적으로 나누거나 모으는 것을 말한다.

> 오늘 과학 시간에 '지구가 당기는 힘'에 대해서 배웠다. 호민이는 교과서를 다시 읽고 내용을 분석해서 '지구가 당기는 힘'의 핵심 내용을 정리하고 있다.

지구가 당기는 힘

하늘에서 비가 내리고 물이 높은 곳에서 낮은 곳으로 흐르는 것처럼 지구에 있는 사물은 모두 아래로 떨어진다. 이것은 지구가 사물을 당기기 때문이다. 지구가 사물을 당기는 힘을 지구의 중력이라고 한다.

그럼 중력의 방향과 크기는 어떠한가?

지표면에 있는 사람은 아래 방향으로 중력을 받는다. 중력은 지표면에 있는 사람의 위치와 상관이 없다. 중력은 항상 아래 방향으로 작용한다. 이처럼 중력은 지구 중심 방향으로 작용한다. 우리가 물건을 들어 올릴 때 어떤 것은 무겁게 또 어떤 것은 가볍게 느끼는 것은 물건마다 작용하는 중력의 크기가 다르기 때문이다. 물체에 작용하는 중력의 크기를 무게라고 하며, 무게의 단위는 힘의 단위와 같은 N(뉴턴)을 사용한다.

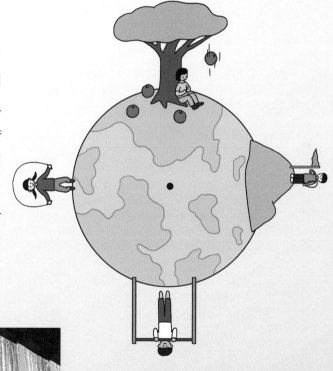

핵심 정리하는 방법

■ 주제를 확인한다.

■ 주제와 관련된 어휘와 표현을 찾는다.

■ 주제와 관련 어휘 및 표현의 관계를 파악하면서 핵심 내용을 정리한다.

오늘 배운 내용의 핵심을 정리해야겠다.
먼저 주제를 찾아보자. 이 글의 주제는 무엇일까?

주제 중력의 방향과 크기

주제와 관련된 어휘와 표현을 찾아볼까?

관련 어휘 및 표현
지구, 중력, 아래 방향,
작용, 중력의 크기, 무게

주제와 관련 어휘 그리고 표현을 모아 가지고 핵심
내용을 정리해 봐야겠어.

의사소통 3권 7과 '-어 가지고'

과학) 지구가 당기는 힘

중력: 지구가 물건을 당기는 힘

지구의 중력은 (지구 중심) 방향으로 작용한다.

중력의 크기는 (무게)라고 한다.

그래서 둥근 지구의 반대편에 있는 사람도
떨어지지 않는 것이구나.

이런 방법으로 핵심 내용을 정리해 두면 복습할 때
도움이 되고 시험 볼 때도 잘 쓸 수 있겠다.

학습하기 2 다지기

어휘 확인하기

▨ 〈보기〉에서 알맞은 말을 골라 문장을 완성하세요.

〈보기〉

단위	분석	상관	작용	체계적

(1) 소금은 음식 속에서 균을 죽이는 (　　　　)을/를 한다.

(2) 한국에서 무게를 측정하는 (　　　　)은/는 그램(g)이다.

(3) 이 참고서는 중요한 내용이 (　　　　)으로/로 정리되어 있어 보기 좋다.

(4) 경기에 참여한다는 것이 중요하지 성적은 아무래도 (　　　　)이/가 없다.

(5) 틀린 문제는 왜 틀렸는지 그 원인을 잘 (　　　　)해야 다음에 또 틀리지 않는다.

내용 확인하기

▨ 학습하기 2의 내용과 같으면 O, 다르면 X 하세요.

(1) 지구의 힘을 중력이라고 한다. 　　　　　　(　　　)

(2) 무게의 단위와 힘의 단위는 같다. 　　　　　(　　　)

(3) 물건에 작용하는 중력의 크기는 모두 같다. 　　(　　　)

(4) 중력은 항상 지구 중심 방향으로 작용한다. 　　(　　　)

기능 확인하기

복습할 때 핵심을 정리하는 것이 중요합니다. 핵심 정리하기란 중심 내용이나 중요한 내용을 체계적으로 나누거나 모으는 것을 말합니다. 핵심을 정리할 때는 먼저 주제를 확인하고 그 주제와 관련된 어휘 및 표현을 찾습니다. 그리고 주제 관련 어휘 및 표현의 관계를 파악하면서 핵심 내용을 정리합니다.

■ 다음 중 핵심을 정리하는 방법으로 알맞지 <u>않은</u> 것을 고르세요.

① 글의 주제가 무엇인지 찾는다.
② 주제와 관련이 있는 중요한 어휘를 찾는다.
③ 주제를 뒷받침해 주는 내용을 요약하여 정리한다.
④ 주제와 관련 어휘를 가지고 중심 내용을 정리한다.

활동하기

■ 다음 글을 읽고 핵심 내용을 정리해 보세요.

지구가 물체를 당기는 힘을 지구의 중력이라고 한다. 중력은 지구 외에도 달, 화성, 금성 등에서도 작용한다. 달의 중력은 지구 중력의 $\frac{1}{6}$ 정도이기 때문에 달에서 무게를 재면 지구에서 잰 것보다 가볍다. 예를 들어 지구에서 60kg인 사람이 달에 가서 몸무게를 재면 10kg이 나온다. 이렇게 무게가 다르게 나타나지만 물체가 가진 고유의 양이 변하는 것은 아니다. 장소에 관계없이 변하지 않는 어떤 물체에 포함되어 있는 물질의 양을 질량이라고 한다. 즉, 달에서의 무게는 지구에서의 $\frac{1}{6}$ 이지만 질량은 변하지 않는다.

지식 더하기

국어

계승 조상의 전통이나 문화, 업적 등을 물려받아 계속 이어 나감.
#inheritance #преемственность #sự kế thừa #동영상

방언 어떤 지역이나 계층의 사람들만 쓰는 독특한 언어.
#regional dialect #диалект #phương ngữ #동영상 #그림

본질 어떤 사물이 그 사물 자체가 되게 하는 원래의 특성.
#essence #сущность #bản chất

수학

양수 0보다 큰 수.
#positive number #положительное число #số dương

음수 0보다 작은 수.
#minus #отрицательное число #số âm #동영상 #그림

사회

전파 전하여 널리 퍼지게 함.
#spread #распространение #sự lan truyền #동영상

획일화 모두가 하나와 같아서 다름이 없게 됨. 또는 모두가 하나와 같아서
다름이 없게 함.
#uniformity #унификация #sự tiêu chuẩn hóa

희소성 매우 드물고 적은 성질이나 상태.
#rareness #редкость #tính thưa thớt #동영상

과학

공전 지구가 태양의 둘레를 돌거나 달이 지구의 둘레를 도는 것처럼, 한 천체가
다른 천체의 둘레를 일정하게 도는 것.
#rotation #обращение небесных тел #vòng quay tròn #동영상 #그림

궤도 사물이 따라서 움직이는 정해진 길.
#orbit #орбита #quỹ đạo #동영상

8과 점검하기

더 배워요(선택)
여가와 운동

학습 도구(선택)
점검하기

꼭 배워요(필수)
운동하기

학습 목표

점검하기의 중요성과 점검하는 방법에 대해서 안다.

일의 양상을 확인할 수 있다.

구성 요소들 간의 관계를 파악할 수 있다.

주제 확인하기

학습하기 1 양상 확인하기(스트레스)

학습하기 2 관계 파악하기(유의어와 반의어)

점검하기

점검하기

□ 점검하기의 개념과 자기 점검

점검하기란 어떤 일의 양상이나 대상의 상태를 하나하나 살피고 확인하는 것을 말한다. 학습 활동에서는 특히 자기 점검이 중요한데, 이는 자신의 사고 과정이나 과제 수행 과정, 행동 등이 적절한지 살피고 확인하는 것을 뜻한다. 자기 점검을 통하여 학습이 잘되고 있는지 알 수 있고 부족한 부분이 무엇인지도 확인하여 보완해 나갈 수 있다. 점검하기는 살펴야 할 항목들을 적어 놓은 점검표를 만들어서 진행하면 더욱 효과적이다.

□ 점검표

점검표는 어떤 대상을 점검한 내용을 표 형식으로 나타낸 문서를 말한다. 점검표에는 청소 점검표, 학습 점검표 등 다양한 종류가 있다. 점검표는 객관적이고 자세히 작성해야 한다. 점검표의 점검 내용은 목표를 이용하여 작성할 수 있다. 또한 보완 사항을 적는 공간이 있으면 좋다.

점검표를 만들 때 처음 설정한 목표를 활용하여 점검 내용을 구성할 수 있어요.

〈점검표 예〉

점검 내용	네	아니요	보완 사항
1. 일정에 맞게 진행을 하였는가?	O		
2. 자신이 맡은 부분을 모두 수행하였는가?	O		
3. 더 필요한 내용은 없는가?		O	사진 자료 추가할 것

건강 상태를 점검하거나 사물의 상태를 점검하는 것처럼 학습 활동을 할 때에도 점검하는 과정이 필요해요.

점검하기는 공부할 때도 도움이 돼요.

□학습에서의 자기 점검 하기

학습에서의 점검하기는 배운 내용이나 학습한 정도를 확인하는 것을 말한다. 공부를 하면서 아래의 사항들을 점검할 수 있다.

- 학습하는 목적 확인하기
- 어떤 과정으로 학습하면 효율적인지 확인하기
- 학습하면서 중요한 것이 무엇인지 확인하기
- 학습 내용을 제대로 이해하고 있는지 스스로 점검하기
- 학습의 전체 의미를 제대로 파악했는지 확인하기
- 학습하면서 주의 집중 상태 점검하기

어떤 부분이 잘되었는지, 더 잘하려면 무엇을 공부해야 하는지, 더 좋은 결과를 얻으려면 다음에는 어떻게 해야 하는지 등을 점검할 수 있어요.

아는 것 확인하기

책의 차례와 점검표를 보면서 자신이 알고 있는 것을 확인할 수 있다.

생각 그물(마인드맵)로 알고 있는 것을 다 써 보면서 아는 것과 모르는 것을 점검할 수 있다.

〈학습에서의 자기 점검표 예〉

점검 내용	네	아니요	보완 사항
스스로 책을 찾아 읽는 편인가?			
자신의 수준이나 흥미를 고려하여 책을 고르는가?			
고른 책을 끝까지 포기하지 않고 읽는 편인가?			

〈생각 그물(마인드맵)의 예〉

학습하기 1

점검하기에서 양상 확인하기에 대해 알아봅시다.

양상 확인하기란 사물이나 현상의 모양이나 상태를 알아보는 것을 말한다.

안나가 스트레스에 관한 글을 읽었다. 글을 읽고 안나는 스트레스 점검표를 통해 자신의 스트레스 양상을 확인하려고 한다.

○○백과

스트레스의 개념

스트레스는 일이나 사람, 환경 등에서 심리적, 신체적으로 자유롭지 않고 긴장을 느끼는 상태이다.

스트레스의 원인

스트레스의 원인은 외부적인 원인과 내부적인 원인으로 나눌 수 있다. 외부적인 원인은 일상생활 속의 복잡한 일이나 사회적 관계에서 오는 것이다. 잠을 충분히 못 자거나 안 좋은 생각을 하는 것은 내부적인 원인으로 볼 수 있다.

스트레스의 증상

스트레스의 증상은 심리 증상, 신체 증상, 행동 증상으로 나눌 수 있다. 심리 증상은 불안, 걱정, 짜증, 불만족, 우울, 주의 집중 곤란 등을 말한다. 신체 증상에는 두통, 손발 차가움, 변비, 설사, 피로 등이 있다. 과식하거나 다리 떨기, 남에게 피해를 주는 말과 행동 등은 행동 증상으로 분류할 수 있다.

'스트레스 점검표'는 여기로

> 사람들이 '스트레스를 받는다.'라는 말을 자주 사용하는데 나는 스트레스의 원인과 증상이 이렇게 다양한지 몰랐어. 그럼 나의 스트레스는 어느 정도일까? 스트레스 점검표를 통해 나의 스트레스 양상을 확인해 봐야겠다.

양상 확인하기

양상 확인하기의 효과

- 양상 확인하기를 통해 일이 진행되는 모습이나 현재의 상황을 파악할 수 있다.
- 현재의 모습을 바탕으로 현재의 상황이 어떤 흐름 속에 있는지를 확인할 수 있다.
- 현재의 양상을 파악함으로써 미래의 모습을 예상할 수 있다.

*현재의 모습과 함께 과거의 모습까지 살펴보면 양상을 제대로 이해할 수 있다.

스트레스 점검표

점검 내용	전혀 없었다	거의 없었다	때때로 있었다	자주 있었다	매우 자주 있었다
1. 어떤 일 때문에 화가 난 적이 있는가?	0	(1)	2	3	4
2. 일상생활의 짜증을 잘 관리할 수 있는가?	0	(1)	2	3	4
3. 예상하지 못한 일 때문에 당황한 적이 있는가?	0	1	(2)	3	4
4. 개인적인 문제를 다루는 데 있어서 자신감을 느끼는가?	4	3	2	(1)	0
5. 몸, 건강, 마음 등의 상태가 아주 좋다고 생각한 적이 있는가?	4	3	2	(1)	0
6. 당신이 꼭 해야 하는 일을 해결할 수 없다고 생각한 적이 있는가?	0	(1)	2	3	4
7. 신경이 예민해지고 스트레스를 받고 있다는 느낌을 경험한 적이 있는가?	4	(3)	2	1	0
8. 어려운 일이 너무 많아서 극복하지 못할 것 같다고 생각한 적이 있는가?	4	3	2	(1)	0
9. 일상의 일들이 당신의 생각대로 진행되고 있다는 느낌을 받은 적이 있는가?	0	1	(2)	3	4
10. 중요한 일을 할 때 상황에 맞게 조절할 수 없다는 느낌을 받은 적이 있는가?	0	1	(2)	3	4

0점~13점 당신은 스트레스를 긍정적으로 받아들이는 사람입니다.

14점~16점 스트레스의 영향을 받기 시작했습니다. 이 상태가 계속되면 나쁜 스트레스의 결과가 나타날 수 있습니다.

17점~18점 정신적인 문제로 발전될 가능성이 높습니다.

19점 이상 당신은 전문가의 도움이 필요할 만큼 스트레스를 받고 있습니다.

의사소통 3권 8과 '-는 만큼'

점검표를 활용하니 좀 더 분명하게 양상을 확인할 수 있구나. 양상 확인하기를 통해 어떤 대상의 모습이나 일의 상태를 정확히 이해할 수 있는 것 같아.

모두 더하면 15점이네. 나도 스트레스를 받기 시작했구나. 점검 항목에 표시를 하다 보니 요즘 내가 어떤 일에 스트레스를 받고 있는지 알 것 같았어. 결과를 보면 '이 상태가 계속되면 나쁜 스트레스의 결과가 나타날 수 있다.'라고 하네. 그럼 이를 대비하기 위해서 스트레스를 관리하는 방법에 대해 찾아봐야겠다.

학습하기 1 다지기

어휘 확인하기

▨ 〈보기〉에서 알맞은 말을 골라 문장을 완성하세요.

> 〈보기〉
>
> | 극복 | 내부 | 바탕 | 점검 | 진행 |

(1) 회사 (   )의 일이 외부에 알려지지 않도록 주의해야 한다.

(2) 미리 계획을 세워 둔 덕분에 아무 문제없이 일이 (   )되었다.

(3) 여행을 가기 전에 일정과 준비물에 대한 (   )은/는 필수적이다.

(4) 김 작가는 여러 나라에서 생활한 경험을 (   )으로/로 책을 냈다.

(5) 아무리 어려운 일이라도 구성원 모두가 힘을 합치면 (   )할 수 있다.

내용 확인하기

▨ 학습하기 1의 내용과 같은 것을 고르세요.

① 스트레스는 심리적·신체적으로 긴장을 느끼는 상태를 말한다.

② 안나의 스트레스 양상은 전문가의 도움이 필요할 만큼 심각하다.

③ 스트레스의 증상은 외부적인 것과 내부적인 것으로 나눌 수 있다.

④ 안나는 스트레스 점검표를 통해 자신의 스트레스 증상을 확인했다.

기능 확인하기

어떤 일이나 대상을 점검할 때 양상을 확인할 수 있습니다. 양상 확인하기는 사물이나 현상의 모양이나 상태를 알아보는 것입니다. 양상 확인하기를 통해 일이 진행되는 모습이나 현재의 상황을 파악할 수 있습니다. 또한 현재의 모습을 바탕으로 현재의 상황이 어떤 흐름 속에 있는지를 확인할 수 있습니다. 그리고 현재의 양상을 파악함으로써 미래의 모습을 예상할 수 있습니다. 양상을 확인할 때는 현재의 모습과 함께 과거의 모습까지 살펴보는 것이 좋습니다.

▨ 다음 중 양상 확인하기의 효과로 알맞지 <u>않은</u> 것을 고르세요.

① 미래를 예상할 수 있다.
② 과거의 상황을 추론할 수 있다.
③ 현재의 상황을 파악할 수 있다.
④ 일의 진행 단계를 확인할 수 있다.

활동하기

▨ 아래에 감기에 걸린 환자가 있습니다. 감기에 걸렸을 때 어떤 증상이 있는지 감기 증상의 양상을 확인해 보세요.

〈보기〉

두통이 심하다.

_____

_____

_____

학습하기 2

점검하기에서 관계 파악하기에 대해 알아봅시다.

관계 파악하기란 어떤 일(사건)이나 대상들이 서로 어떤 관계가 있는지, 어떤 영향을 주고받는지를 살피는 것을 말한다.

정호가 사전에서 단어를 검색하다가 유의어와 반의어 정보를 보았다. 정호는 유의어와 반의어가 각각 어떤 관계를 나타내는지 알아보려고 한다.

의사소통 3권 8과 '-었더니'

인터넷 사전에서 '어른'이라는 단어를 찾아보았더니 뜻풀이와 함께 유의어와 반의어 정보를 볼 수 있네. 이 정보에서 파란색 선으로 연결된 단어는 유의어이고, 빨간색 선으로 연결된 단어는 반의어구나. 그럼 같은 색으로 연결된 단어들은 모두 같은 뜻인가?

유의어와 반의어는 어떤 관계에 있는 단어인지 좀 더 자세한 내용을 알아보자.

어른

어른 「명사」 [어ː른]
「1」 다 자란 사람.
¶ 아이가 자라 어른이 되다.
'어른'의 유의어와 반의어

아이
어린이
윗사람
어른
성인
어린아이
웃어른

    낱말들이 서로 소리는 다르지만 의미가 비슷할 때, 이들을 유의 관계에 있다고 하며 이러한 낱말들을 유의어라고 한다. 유의어의 예에는 '밥/진지', '아이/어린이' 등이 있다. 유의어는 의미가 비슷한 것이지 똑같은 것이 아니다. 그래서 앞뒤 이야기 흐름에 알맞은 낱말을 찾아 써야 한다.
    낱말들이 서로 반대되는 의미를 가지고 있을 때, 이들을 반의 관계에 있다고 한다. 그리고 반의 관계에 있는 낱말들을 반의어라고 한다. 반의어의 예에는 '소년/소녀', '길다/짧다' 등이 있다. 반의어는 두 단어 사이에 공통점이 있으면서 동시에 서로 다른 하나의 차이점을 가진 단어이다.

관계 파악하기

■ **관계의 구분**

논리적 관계 개념, 이론들 사이의 필연적 관계를 의미한다.

사실적 관계 사건, 변화, 실체들 사이의 물리적·기능적·인과적 관계를 의미한다.

■ 관계의 유형에는 인과 관계, 공존 관계, 대립 관계, 유사 관계, 모순 관계, 상하 관계 등이 있다.

'유의어'는 서로 의미가 똑같은 게 아니라 비슷한 것이구나. 상황에 따라 어떻게 쓰는지 알아봐야지.

아이가 (밥/진지)을/를 먹는다

밥과 진지 둘 다 식사를 뜻하지만 누가 먹는 식사인가에 따라 구분되는구나. 이 문장에서는 아이가 밥을 먹는다고 해야겠네.

이번에는 '반의어'에 대해서 살펴보자. '소년'과 '소녀' 사이의 공통점과 차이점은 무엇일까?

	소년	소녀
공통점	1. 사람이다. 2. 어른이 아니다. 3. 나이가 어리다.	
차이점	남자	여자

반의어는 의미를 구성하는 대부분이 공통되고 하나의 요소만 반대되는구나.

단어들 사이의 관계를 파악해 보니까 서로 어떻게 비슷하고 다른지를 알 수 있었어. 어떤 대상들 사이의 관계를 파악해 두면 서로 어떤 영향을 주고받는지 알 수 있구나.

학습하기 2 다지기

어휘 확인하기

▦ 〈보기〉에서 알맞은 말을 골라 문장을 완성하세요.

> **〈보기〉**
>
> 공존　　　　논리적　　　　대립　　　　실체　　　　이론

(1) 정의와 불의는 서로 (　　　　)되는 개념이다.

(2) 인간은 자연과 조화를 이루면서 (　　　　)하고 있다.

(3) 과학자들의 노력으로 유전자의 (　　　　)이/가 밝혀졌다.

(4) 기술·가정 과목은 (　　　　)도 중요하지만 실기도 매우 중요하다.

(5) 영수의 말은 (　　　　)으로/로 아무런 문제가 없었지만 실제로는 불가능한 일이었다.

내용 확인하기

▦ 학습하기 2의 내용과 같은 것을 고르세요.

① 유의 관계에 있는 단어는 언제나 바꿔서 사용해도 된다.

② 서로 소리가 같고 의미가 비슷한 단어를 유의어라고 한다.

③ 반의 관계에 있는 단어는 공통점과 차이점을 여러 개 가지고 있다.

④ 정호는 '소년'과 '소녀' 사이의 공통점과 차이점을 사전 검색을 통해 알아보았다.

기능 확인하기

 어떤 일이나 대상을 점검할 때 대상들의 관계를 파악할 수 있습니다. 관계 파악하기는 어떤 일이나 대상들이 서로 어떤 관계가 있는지, 어떤 영향을 주고받는지 살피는 것입니다. 관계는 논리적 관계와 사실적 관계로 구분할 수 있습니다. 논리적 관계는 개념, 이론 등 사이의 필연적 관계를 의미합니다. 사실적 관계는 사건, 변화, 실체들 사이의 물리적·기능적·인과적 관계를 의미합니다. 관계의 유형에는 인과 관계, 공존 관계, 대립 관계, 유사 관계, 모순 관계, 상하 관계 등이 있습니다.

▨ 아래 단어들은 각각 어떤 관계의 유형인지 설명해 보세요.

소년/소녀   밥/진지

활동하기

▨ '아름답다'와 유의 관계를 가지는 단어는 파란색, 반의 관계를 가지는 단어는 빨간색으로 연결해 보세요. 그리고 그 이유를 설명해 보세요.

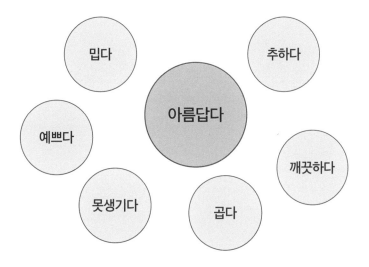

지식 더하기

국어

고유어 외국에서 들어온 말이 아닌 한 민족이 본래부터 가지고 있는 말.
#native word #родное слово #tiếng thuần Hàn #동영상

단일어 하나의 형태소로 이루어져 더 이상 작은 의미 단위로 나눌 수 없는 단어.
#simplex #простое слово #từ đơn #그림

복합어 둘 이상의 형태소가 합쳐져서 만들어진 단어.
#compound #сложное слово #từ phức hợp #그림

수학

자연수 음수와 영을 제외하고 일부터 시작하여 하나씩 더하여 얻는 수.
#natural numbers #натуральное число #số tự nhiên #동영상

유리수 정수나 분수의 형식으로 나타낼 수 있는 수.
#rational number #рациональное число #số hữu tỷ #동영상

사회

공급 요구나 필요에 따라 물건이나 돈 등을 제공함.
#supply #снабжение #sự cung cấp #동영상

수요 어떤 소비의 대상이 되는 상품에 대한 요구.
#demand #спрос #nhu cầu #동영상

생산 사람이 생활하는 데 필요한 물건을 만듦.
#production #производство #việc sản xuất #그림

과학

세포 생물체를 이루는 기본 단위.
#cell #клетка #tế bào #동영상

염색체 세포가 분열할 때 나타나는 유전자로 이루어진 막대 모양의 물질.
#chromosome #хромосома #nhiễm sắc thể #사진

9과 문제 풀기

더 배워요(선택)
다양한 학습 방법

학습 도구(선택)
문제 풀기

꼭 배워요(필수)
공부하기

문제 해결 능력을 키운다.
문제 풀이 과정에서 일으킨 오류를 확인하고
정리하는 방법을 안다.

학습하기 1 문제 해결하기(고령화 현상)
학습하기 2 오류 확인하기(일차 방정식)

문제 풀기

과목별 공부법

국어

■ '단원의 길잡이'를 통해 각 단원에서 꼭 알아야 할 학습 목표 확인하기

■ 본문에서 글의 종류와 주제, 단락의 중심 문장 파악하기

수학

■ 공식을 외울 때는 단순히 암기하지 말고 그것이 나오기까지의 과정을 이해하기

■ 틀린 문제는 해결 과정과 정답을 정리해서 책상 앞에 붙여 두고 반복해서 풀어 보기

문제를 푸는 과정을 통해 공부할 때 놓친 내용이나 중요한 내용을 다시 한 번 확인할 수 있어요.

사회

■ 용어의 개념을 명확히 알고 암기하기

■ 문제의 내용과 관련 있는 범주가 무엇인지 찾고 그 범주에 속하는 내용들을 연결해서 생각하는 연습 하기

과학

■ 탐구 활동과 이미지를 통해 개념 익히기

■ 교과서에 나온 표와 그래프의 의미 이해하기

학습하기 1

문제 해결하기란 문제의 원인을 밝히고 그 원인을 근거 삼아 해결 방안을 제시하는 것을 말한다.

정호는 자습 시간에 사회 문제집을 풀고 있다. 그런데 문제를 풀다가 답을 모르는 문제가 나와서 어떻게 풀어야 할지 방법을 찾아보려고 한다.

---

10. 〈보기〉에 제시된 내용과 관계 있는 사회 문제는 무엇입니까?

> 〈보기〉 사회 보장에 대한 부담이 증가할 것이다.
> 평균 수명이 증가한 것이 주요 원인이다.
> 노년층의 경제 활동을 장려해야 할 필요가 있다.

① 저출생　　　　② 취업난

③ 고령화　　　　④ 다문화적 변화

답이 뭐지?
어떻게 풀지?

문제를 해결하기 위해서 단서가 되는 단어를 찾아봐야겠어.

다문화적 변화

사회 변동과 사회 문제

취업난

저출생

문제 해결하기

고령화

- 고령화 사회란 국제연합(UN)이 정한 것에 따라 65세 이상 노인 인구 비율이 전체 인구의 7% 이상을 차지하는 사회를 말한다.
- 고령화의 원인은 크게 두 가지로 볼 수 있다. 하나는 의학 기술이 발달하면서 평균 수명이 연장되었기 때문이다. 다른 하나는 아이를 잘 낳지 않아 출산율이 하락했기 때문이다.
- 고령화 사회에는 여러 가지 문제가 나타날 수 있다. 그중 하나는 사회 보장 비용의 증가이다. 고령 인구는 돈을 벌 수 없는 경우가 많다. 그래서 국가는 그들을 돌보기 위해 사회 보장을 확대하면서 더 많은 비용을 써야 한다.
- 고령화 사회를 대비해 평생 교육을 지원하거나 재취업 기회를 확대하는 등 노인들이 경제 활동을 할 수 있도록 지원해 줘야 한다. 그리고 그들의 안전을 보장하기 위해 사회 안전망을 강화해 나가야 한다.

- 문제를 해결하기 위해서는 문제 해결의 단서가 되는 자료를 빠르게 찾는 것이 중요하다.

- 문제가 무엇인지 알았다면 문제를 해결하기 위한 단서를 찾아야 한다.

- 문제의 주제나 화제, 소재 등이 무엇인지 확인하고 해당 내용이 어떤 자료에 실려 있었는지를 떠올린다.

- 어떤 자료에 해당 내용이 있었는지가 떠올랐다면 빠르게 해당 자료를 확인하여 문제의 해결 방안을 찾으면 된다.

‘사회 보장, 부담, 평균 수명 증가, 노년층, 경제 활동 장려’를 보니까 이건 고령화에 대한 내용이구나.
그래서 이 문제의 정답은 ③번이야.

고령화를 어느 단원에서 공부했는지 생각하고, 문제에서 단서가 되는 단어들을 <u>찾아서 그런지</u> 문제가 쉽게 해결이 됐네.

····· • 의사소통 4권 1과 ‘-어서 그런지’

학습하기 1 다지기

어휘 확인하기

■ 〈보기〉에서 알맞은 말을 골라 문장을 완성하세요.

> 〈보기〉
>
> | 강화 | 대비 | 비율 | 차지 | 평균 |

(1) 여학생 수가 전체 학생 중 절반을 (　　　　)하고 있다.

(2) 이 회사는 직원들의 (　　　　) 연령이 28세를 조금 넘는다.

(3) 지난달부터 학교 앞 불법 주정차 단속이 크게 (　　　　)되었다.

(4) 우리는 건강할 때 각종 질병에 대한 (　　　　)을/를 해 둘 필요가 있다.

(5) 이번 시험은 객관식 30%, 주관식 70%의 (　　　　)으로/로 각각 출제되었다.

내용 확인하기

■ 학습하기 1의 내용과 <u>다른</u> 것을 고르세요.

① 고령 인구가 증가하면 평생 교육이 사라질 것이다.

② 출산율이 하락한 것이 고령화의 원인 중 하나이다.

③ 고령화의 원인은 평균 수명이 높아진 것과 관계가 있다.

④ 고령 인구가 재취업할 수 있는 기회가 확대되어야 한다.

기능 확인하기

- 문제를 해결하기 위해서는 문제 해결의 단서가 되는 자료를 빠르게 찾는 것이 중요합니다.
- 문제가 무엇인지 알았다면 문제를 해결하기 위한 단서를 찾아야 합니다.
- 문제의 주제나 화제, 소재 등이 무엇인지 확인하고 해당 내용이 어떤 자료에 실려 있었는지를 떠올립니다.
- 어떤 자료에 해당 내용이 있었는지가 떠올랐다면 빠르게 해당 자료를 확인하여 문제의 해결 방안을 찾으면 됩니다.

▨ 아래에 제시된 정보들의 중요한 말을 찾아 써 보세요.

정보	중요한 말
(1) 노후 생활 비용이 증가할 것이다.	
(2) 사회 보장 비용이 증가할 것이다.	
(3) 사회 안전망을 강화할 필요가 있다.	
(4) 평균 수명이 높아진 것도 주요 원인이다.	

활동하기

▨ 고령화로 인해 생길 수 있는 문제를 어떻게 해결할 수 있을까요?
여러분의 생각을 써 보세요.

대응 방안	예) 노인들이 즐겁게 놀 수 있는 놀이 시설을 만들어야 한다.

학습하기 2

문제 풀기에서 오류 확인하기에 대해 알아봅시다.

오류 확인하기란 어떤 것의 과정이나 결과에서 문제나 잘못된 점을 찾아내고 그에 대해서 분석해 보는 것을 말한다.

와니는 수학 문제를 풀고 나서 답을 확인했다. 그런데 확인해 보니 틀린 문제가 있어서 오답 노트를 작성하려고 한다.

틀린 문제를 여기에 써야 하는구나. 문제와 틀린 답을 그대로 쓰면 되겠지.
이 문제가 어느 단원에서 나온 문제인지 출처를 써 두는 것도 좋을 것 같아.

내가 문제를 어떻게 풀었는지 쓰고 틀린 부분을 이렇게 잘 보이게 고쳐 놓았어. 이렇게 하니까 왜 틀렸는지 한눈에 볼 수 있어서 좋네.

'와니'의 오답 노트

수학 1

Ⅱ. 문자와 식

틀린 문제

아버지의 나이는 47세이고, 수호는 13살입니다.
몇 년 후에 아버지의 나이가 수호의 나이에 3배가 됩니다.
그때 아버지의 나이는 몇 살입니까?

(50세)

문제 풀이

수호의 나이(13+X), 아버지의 나이(47+X)

$(13+X) \times 3 = 47+X$

$3X + 39 = X+47$

$3X - X = 47 - 39$

$2X = \overset{8}{6}, X = \overset{4}{3}$

정답 $47 + \underset{4}{3} = \overset{51}{50}$세

어휘와 문법

오류　　출처　　응용력　　유형별　　표시하다
확실히　　완벽하다　　기본적

문제를 맞히는 것도 중요하지만 문제를 틀렸을 때 왜 틀렸는지를 아는 것이 더 중요하다.

문제를 틀리는 이유는 다양하다.
국어는 선택지를 논리적으로 이해하거나 판단하지 못해 틀리는 경우가 대부분이다.
수학 오류의 이유에는 '계산 실수, 문제 이해 부족, 개념 이해 부족, 응용력 부족' 등이 있다.
사회와 과학에서 오류는 '개념 이해 부족, 단순 실수, 암기 부족' 등으로 생긴다.

'나의 생각'을 쓰니까 내가 왜 이 문제를 틀렸는지 다시 생각해 볼 수 있어서 정말 좋다.

틀린 이유를 유형별로 표시해야지.

친구들은 왜 틀렸지?

틀린 이유

■ 계산 실수
□ 문제 이해 부족
□ 개념 이해 부족

의사소통 4권 1과 '-으려다가'

나의 생각

우변의 값을 <u>구하려다가</u> '47-39'를 잘못 계산해서 8이 아니라 6이 되었다. 다음부터는 계산 과정에서 오류가 없도록 숫자를 한 번 더 확실히 확인해야겠다.

■ 문제 이해 부족
글로 된 문제인데 끝까지 읽지 않아 완벽하게 이해하지 못했다. 앞으로는 문제를 끝까지 읽어야겠다.

■ 개념 이해 부족
이 문제에 대해 아는 것이 없어서 아무것도 할 수가 없었다. 방정식에 대한 기본적인 개념부터 공부를 다시 해 봐야겠다.

오류 확인하기

9과 문제 풀기 • 137

학습하기 2 다지기

어휘 확인하기

■ 〈보기〉에서 알맞은 말을 골라 문장을 완성하세요.

> **〈보기〉**
>
> 기본적   완벽   출처   표시   확실히

(1) 예습과 복습을 하면 내용을 (   ) 이해할 수 있어서 좋다.

(2) 사람은 누구나 먹고 싶고 자고 싶은 (   )인 욕구를 가지고 있다.

(3) 수업 때 선생님이 중요하다고 말씀하신 부분을 빨간색으로 (   )했다.

(4) 선영은 음악 시간에 어려운 피아노 곡을 (   )하게 연주해서 칭찬을 받았다.

(5) 보고서를 쓸 때 다른 사람이 쓴 자료를 가져왔다면 그 (   )을/를 꼭 밝혀야 한다.

내용 확인하기

■ 학습하기 2의 내용과 같은 것을 고르세요.

① 와니는 수학 문제를 계산할 때 실수해서 틀렸다.

② 와니는 수학 문제를 제대로 이해하지 못해서 틀렸다.

③ 와니는 수학 공식을 다 외우지 못해서 문제를 틀렸다.

④ 와니는 수학 공식에 대한 기본적인 개념이 부족해서 문제를 틀렸다.

기능 확인하기

- 문제를 맞히는 것도 중요하지만 문제를 틀렸을 때 왜 틀렸는지를 아는 것이 더 중요합니다.
- 문제를 틀리는 이유는 다양합니다.
- 국어는 선택지를 논리적으로 이해하거나 판단하지 못해 틀리는 경우가 대부분입니다.
- 수학 오류의 이유에는 '계산 실수, 문제 이해 부족, 개념 이해 부족, 응용력 부족' 등이 있습니다.
- 사회와 과학에서 오류는 '개념 이해 부족, 단순 실수, 암기 부족' 등의 이유로 생깁니다.

▨ 다음의 오답 노트를 보고 문제를 틀린 이유를 고르세요.

틀린 이유
☐ 계산 실수
☐ 문제 이해 부족
☐ 개념 이해 부족

나의 생각
B의 둘레의 길이를 구할 때 '13 X 4'를 잘못 셈하여 52가 아니라 42가 나왔다. 다음부터는 값을 구한 후에 정확하게 했는지 확인을 해야겠다.

활동하기

▨ 여러분이 수학에서 틀린 문제를 아래의 오답 노트에 써 보세요.

'＿＿＿＿＿＿＿'의 오답 노트

틀린 문제	틀린 이유
	☐ 계산 실수 ☐ 문제 이해 부족 ☐ 개념 이해 부족

문제 풀이	나의 생각

지식 더하기

국어

논거 이론이나 주장의 근거.
#grounds of an argument #аргумент #luận cứ

안목 어떤 것이 가치가 있는지 없는지를 판단하거나 이것을 구별할 수 있는 능력.
#appreciative eye #проницательность #sự sáng suốt

타협 어떤 일을 서로 양보하여 의논함.
#compromise #согласие #sự thỏa hiệp

수학

약수 어떤 수를 나머지 없이 나눌 수 있는 수.
#aliquot #делитель #số chia hết #동영상 #그림

원점 수학에서, 좌표를 정할 때 기준이 되는 점.
#origin #точка отсчёта #điểm gốc #동영상 #그림

사회

경제 성장 한 나라의 경제 규모와 능력이 점차 커지는 일.
#economic growth #экономический рост #sự tăng trưởng kinh tế

당위성 마땅히 해야 하거나 되어야 하는 성질.
#imperativeness #обязательность #tính xác đáng

사회화 인간이 사회의 한 구성원으로 생활할 수 있도록 사회적인 성격을 가지게
됨. 또는 그런 일.
#socialization #социализация #xã hội hóa #동영상

과학

생장 생물이 나서 자람. 또는 그런 과정.
#growth #рост #sự sinh trưởng

진화 생물이 생명이 생긴 후부터 조금씩 발전해 가는 현상.
#evolution #эволюция #sự tiến hóa #동영상

10과 발표하기

더 배워요(선택)
**위급 상황
대처 방법**

학습 도구(선택)
발표하기

꼭 배워요(필수)
**질병과 화재 상황에
대처하기**

<table>
<tr><td>학습 목표</td><td>발표의 과정에 대해 안다.
발표를 위한 효과적인 표현 방식에 대해 안다.
발표를 위해 자료를 정리하는 방법에 대해 안다.</td></tr>
</table>

학습 목표	발표의 과정에 대해 안다.
	발표를 위한 효과적인 표현 방식에 대해 안다.
	발표를 위해 자료를 정리하는 방법에 대해 안다.

주제 확인하기	**학습하기 1** 표현하기(빛 공해)
	학습하기 2 재구조화하기(지진)

발표하기

발표의 과정

주제를 선정할 때는 듣는 사람들의 연령, 관심사 등을 고려해야 한다.

발표 상황과 목적 파악하기

발표 주제 선정하기

자료 선정하기

개요 작성하기

발표문 작성하기

목적과 주제에 맞는 자료를 선정해야 한다.

정확하고 바른 내용을 전달하려고 노력해야 한다.

안전 및 보건에서 가장 중요한 것은 규칙을 사람들에게 널리 알리는 거예요. 정보를 널리 알리는 방법 중에 가장 효과적인 방법은 발표예요.

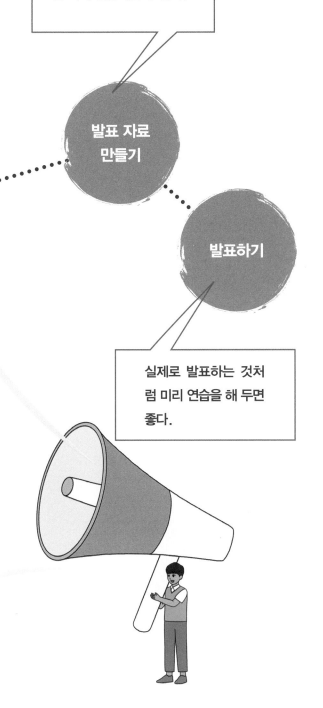

시청각 자료를 활용해 청중을 더욱 집중시킬 수 있다.

발표 자료 만들기

발표하기

실제로 발표하는 것처럼 미리 연습을 해 두면 좋다.

발표 태도

1 발표를 시작할 때 정중하게 인사를 한다.

2 자신 있는 목소리로 말한다.

3 듣는 사람들과 눈을 마주친다.

학습하기 1

표현하기란 정보를 표현할 때 중요한 내용들이 어떻게 관련되어 있는지를 보여 주기 위해 시각적, 언어적, 상징적 표현 형태를 취하는 것을 말한다.

호민이는 '빛 공해'에 대한 신문 기사를 발표 자료로 사용하려고 한다. 그런데 글만 있어서 사람들이 집중하기 힘들어할 것 같다. 지금부터 호민이는 기사를 효과적으로 표현할 수 있는 방법을 찾아볼 것이다.

■ 원문을 읽고 발표 자료로 만들 내용 찾기

'빛 공해'에 잠 못 드는 도시, 해마다 민원 늘어

밤이 돼도 꺼지지 않는 가로등과 간판, 옥외 광고물 등 야간 조명으로 인한 '빛 공해'로 스트레스와 불면증에 시달리는 시민들이 늘고 있다.

'빛 공해'로 인한 피해에는 다음과 같은 것들이 있다. 첫 번째, 생물체의 생체 리듬에 영향을 주어 불면증, 비만, 당뇨, 우울증 등을 일으킬 수 있다. 두 번째, 야간의 인공 빛은 암과 같은 질병을 발생시킨다고 한다. 최근 이스라엘 하이파대학교의 연구 결과에 따르면, 야간에 과다한 빛에 노출된 지역의 여성들이 그렇지 않은 지역의 여성들보다 암 발병률이 73% 높은 것으로 나타났다. 세 번째, 인공조명으로 인해 수면 장애를 일으킬 수 있다. 수면 장애는 체중 증가의 원인이 될 뿐만 아니라 스트레스의 원인이 되기도 한다. 네 번째, 도시의 빛과 공항이나 항구의 조명이 항로 표시나 해상 안전 등에 악영향을 미칠 수 있다. 마지막으로 도시의 빛 때문에 밤하늘이 밝게 보여 천체를 관측하기 어렵다.

• 의사소통 4권 2과 '-을 뿐만 아니라'

이처럼 '빛 공해'로 인한 피해 사례가 다양하고 그 수가 증가하고 있으므로 시민들의 피해를 최소화하는 방안 마련이 시급하다.

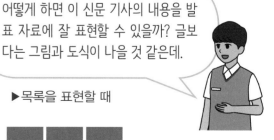

어떻게 하면 이 신문 기사의 내용을 발표 자료에 잘 표현할 수 있을까? 글보다는 그림과 도식이 나을 것 같은데.

■ 발표 내용에 맞는 그림이나 도식 선택하기

▶순서를 표현할 때　　　　▶조직도를 표현할 때　　　　▶목록을 표현할 때

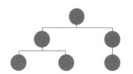

표현하기

암 발병률은 그래프를 사용해서
표현해 봐야겠어.

수량이 많고 적음을 표현할 때

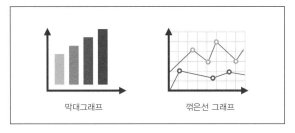

막대그래프　　　　　꺾은선 그래프

전체에 대한 항목의 비율을 표현할 때

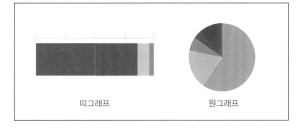

띠그래프　　　　　　원그래프

- 발표 내용에 따라 적당한 표현 방식을 선택하는 것이 무엇보다 중요하다.

- 사진이나 그림으로 예를 들면 발표 내용에 대한 이해를 더욱 높일 수 있다.

- 도표와 그래프를 통해 정보를 보다 정확하게 전달할 수 있다.

- 강조하고 싶은 내용은 간결한 문장으로 제시하여 전달력을 높일 수 있다.

■ 발표 내용을 그림이나 도식으로 표현하기

2. '빛 공해'가 인간의 건강 및 활동에 미치는 영향

불면증, 비만, 당뇨,
우울증 등 발생

지역별 여성의
암 발병률

수면 장애 발생

천체 관측 방해

비행기와 배의 운행에
악영향

학습하기 1 다지기

■ 〈보기〉에서 알맞은 말을 골라 문장을 완성하세요.

〈보기〉

관측	발생	방식	악영향	최소화

(1) 미세 먼지는 우리의 건강에 (   )을/를 끼친다.

(2) 별을 (   )하려고 밤에 친구들과 함께 운동장에 나갔다.

(3) 태풍 피해를 (   )하기 위해서는 안전 점검이 꼭 필요하다.

(4) 박물관에 있는 유물을 통해 옛날 사람들의 생활 (   )을/를 알 수 있다.

(5) 날씨가 건조한 봄과 가을에는 산불이 (   )하기 쉬워서 특별히 더 조심해야 한다.

■ 학습하기 1의 내용과 <u>다른</u> 것을 고르세요.

① 빛 공해 피해가 늘고 있다.

② 사람들의 야간 활동이 증가했다.

③ 하늘의 별을 관측하기 어려워졌다.

④ 수면 장애로 인해 체중이 증가하기도 한다.

기능 확인하기

- 발표 내용에 따라 적당한 표현 방식을 선택하는 것이 무엇보다 중요합니다.
- 사진이나 그림을 통해 예를 들면 발표 내용에 대한 이해도를 더욱 높일 수 있습니다.
- 도표와 그래프를 통해 정보를 보다 정확하게 전달할 수 있습니다.
- 강조하고 싶은 내용은 간결한 문장으로 제시하여 전달력을 더욱 높일 수 있습니다.

▨ 다음 그림과 도식을 보고 언제 사용하는지를 적어 보세요.

	상황
	〈보기〉 순서를 표현할 때 사용합니다.

활동하기

▨ 다음은 도시의 교통 문제에 대한 글입니다. 글을 읽고 그림이나 도식으로 표현해 보세요.

도시의 교통 문제에 대해 시민 394명을 대상으로 조사하였다.

조사 결과, 1위는 교통 체증으로 43.4%를 차지하였다. 2위는 대중교통의 불편(24.1%), 3위는 주차 불편(16.2%), 4위는 대기 오염(4.8%), 5위는 교통사고(3.0%), 6위는 보행 불편(2.0%) 순으로 나타났다. 이 외에 기타 1.7%, 무응답이 4.8%였다.

이러한 도시의 교통 문제는 시민들의 생활에 많은 불편함을 주고 있다.

학습하기 2

재구조화하기란 정보들을 통합하기 위해 기존의 지식 구조를 변화시키는 것을 말한다.

선영이는 '지진 발생 시 대피 방법'에 대해 발표 준비를 하고 있다. 이미 목차를 정했지만 발표 준비를 하다 보니 추가하고 싶은 내용을 찾게 되었다. 그래서 선영이는 목차를 재구조화하는 방법을 알아보려고 한다.

다양한 자료 찾기

지진 피해

목차
❶ 지진의 이해
❷ 지진에 의한 피해
❸ 지진 규모와 피해 정도

지진 대피 교육

목차
❶ 지진 현황
❷ 지진 대피 교육의 중요성
❸ 지진 대피 방법

지진 피해 대응 방법

목차
❶ 지진의 발생 원인
❷ 지진 현장 조사
❸ 지진 상황 및 정부 대응

지진 위험 지도 제작

목차
❶ 지진의 원리
❷ 지진 관측 시스템
❸ 지진 위험 지도 제작
❹ 지진 위험 지도 활용

2 주제에 맞는 정보 선별하기

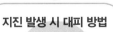

어떻게 목차를 재구조화할 수 있을까?

지진 발생 시 대피 방법

목차

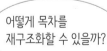

재구조화하기

③ 정보를 재구조화하여 발표 자료 만들기

지진 발생 시 대비 방법

대한중학교 1학년 8반
이선영

목차

1. 지진 발생 원인
2. 지진의 원리
3. 지진의 규모와 피해 정도
4. 지진 발생 시 대피 방법

- 유익한 발표는 서로 다른 각각의 정보가 어떻게 연계되는지, 연관된 정보들을 통해 새롭게 무엇을 알 수 있는지를 보여 줄 수 있어야 한다.
- 요즘처럼 정보가 넘치는 시대에는 정보들의 연관성을 밝혀 새로운 정보를 찾아내는 것이 중요하다. 특히 발표에서는 기존의 믿을 만한 정보들을 조합하여 연관성을 찾는 과정을 통해 새로운 정보를 보여 주는 것이 필요하다.

• 의사소통 4권 2과 '-던'

안녕하세요. 지진 발생 시 대피 방법이라는 주제로 발표를 하게 된 이선영입니다. 과거 지진이 잘 발생하지 <u>않던</u> 한국이 최근 여러 차례 발생한 지진으로 더 이상 지진의 안전지대가 아니라는 인식이 강해지고 있습니다. 지진에 대해 잘 알면 지진으로 인한 피해를 최소화할 수 있을 거라고 생각해 오늘 발표를 준비하게 되었습니다.
발표의 순서는 다음과 같습니다.
먼저, 지진이 왜 발생하는지 원인에 대해 말씀드리겠습니다. 그리고 지진의 원리에 대해 간단하게 설명하고, 지진의 규모와 피해 정도를 일컫는 진도에 대해 말씀드리고자 합니다. 마지막으로 지진이 발생했을 때 어떻게 대피해야 하는지 방법에 대해 소개하는 것으로 발표를 마치도록 하겠습니다.
그럼 지금부터 발표를 시작하겠습니다.

어휘 확인하기

■ 〈보기〉에서 알맞은 말을 골라 문장을 완성하세요.

〈보기〉

| 규모 | 대응 | 시스템 | 연관 | 현황 |

(1) 생활 습관과 건강은 (   )이/가 깊다.

(2) 박물관의 운영 (   )을/를 알아보는 중이다.

(3) 한국은 의료 보험 (   )이/가 잘 갖추어져 있다.

(4) 세계가 힘을 합해 기후 변화에 적극적으로 (   )해야 한다.

(5) 담양에 있는 대나무 숲은 한국에서 가장 큰 (   )을/를 자랑한다.

내용 확인하기

■ 학습하기 2의 내용과 같은 것을 고르세요.

① 한국은 과거에도 지진이 많이 발생했다.

② 선영은 지진 위험 지도를 만들려고 한다.

③ 최근 한국에는 지진이 여러 차례 발생했다.

④ 선영은 지진의 원리를 마지막에 발표할 것이다.

기능 확인하기

유익한 발표는 서로 다른 각각의 정보가 어떻게 연계되는지, 연관된 정보들을 통해 새롭게 무엇을 알 수 있는지를 보여 줄 수 있어야 합니다.
요즘처럼 정보가 넘치는 시대에는 정보들의 연관성을 밝혀 새로운 정보를 찾아내는 것이 중요합니다. 특히 발표에서는 기존의 믿을 만한 정보들을 조합하여 연관성을 찾는 과정을 통해 새로운 정보를 보여 주는 것이 필요합니다.

▨ 다음 〈보기〉에서 전체 흐름과 관계 <u>없는</u> 것을 고르세요.

〈보기〉

태풍은 최대 풍속이 17m/s 이상으로 강한 폭풍우를 동반하는 것을 말한다. ① 태풍은 발생 지역에 따라 다른 이름으로 불린다. ② 태풍으로 인하여 강이 범람하기도 하고 바람이 많이 불어 나무가 뽑히기도 한다. ③ 한국은 2012년 8월에 강한 집중 호우, 폭풍, 해일 등을 동반하여 많은 재산 피해를 입었다. ④ 이러한 피해를 최소화하기 위해서는 바람에 날아갈 위험이 있는 물건들은 실내에 옮기고 낡은 창문을 미리 교체해야 한다.

활동하기

▨ 태풍 발생 시 예방 방법에 대한 발표를 준비하려고 합니다.

다음 〈보기〉를 보고 발표 순서를 정해 보세요.

목차   〈보기〉   목차
❶ 태풍의 원인
❷ 태풍 피해 특성
❸ 세계 태풍 피해 현황
❹ 최근 한반도 태풍 피해 정도

목차   〈보기〉
❶ 태풍의 피해
❷ 건출물의 피해 원인
❸ 건축물의 태풍 피해 유형
❹ 태풍 피해 예방 방법

지식 더하기

국어

논증 어떤 주장이나 이론의 옳고 그름을 논리적인 이유를 들어 증명함. 또는 그 근거나 이유.
#proof #аргументация #luận chứng

비평 옳고 그름, 아름다움과 추함 등을 분석하여 사물의 가치를 논함.
#criticism #рецензия #sự phê bình

재구성 한 번 구성하였던 것을 다시 새롭게 구성함.
#reorganization #реструктуризация #sự tái cấu trúc

수학

내각 다각형에서, 인접한 두 변이 다각형의 안쪽에 만드는 모든 각.
#internal angle #внутренний угол #góc trong # 동영상

외각 다각형에서, 한 변과 그것에 이웃한 변의 연장선이 이루는 각.
#external angle #внутренний угол #góc ngoài #그림

사회

국제기구 특정한 목적을 위하여 둘 이상의 나라가 모여 활동을 하기 위해 만든
조직체.
#international organization #международное учреждение #tổ chức quốc tế

정책 정치적인 목적을 이루기 위한 방법.
#policy #политика #chính sách

침해 남의 땅이나 권리, 재산 등을 범하여 해를 끼침.
#invasion #Посягательство #sự xâm hại

과학

방출 빛, 열 등을 밖으로 내보냄.
#emission #выпуск #sự phát thải

지진파 지진이나 폭발로 인해 생겨서 퍼져 나가는 진동.
#seismic wave #сейсмическая волна #sóng địa chấn

11과 토론하기

더 배워요(선택)
우리들의 고민

학습 도구(선택)
토론하기

꼭 배워요(필수)
**고민에 대한
조언 구하기**

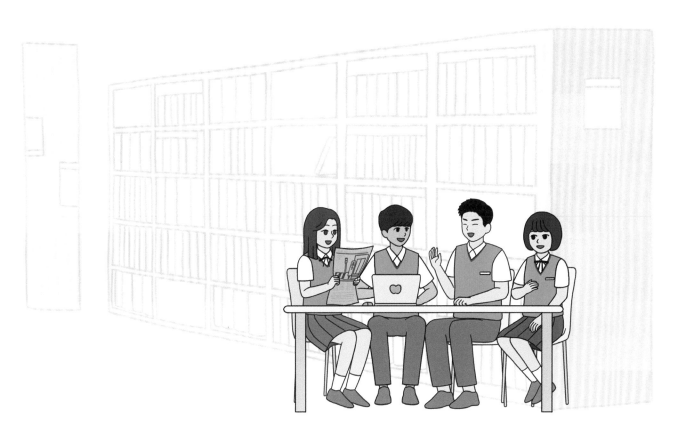

학습 목표

토론의 절차와 방법에 대해 안다.

토론에서 질문의 역할에 대해 안다.

토론에서 진위를 확인하는 방법에 대해 안다.

주제 확인하기

학습하기 1 질문하기(역할 갈등)

학습하기 2 진위 확인하기(생물 다양성 보존)

토론하기

1 토론이란

토론은 어떤 문제에 대해 찬성과 반대의 의견을 말하며 논의하는 것이에요. 토론을 하기 위해서는 토론 주제, 토론자, 사회자, 토론 규칙이 있어야 해요. 그리고 청중이나 판정단이 있는 경우도 있어요.

2 토론의 진행 과정

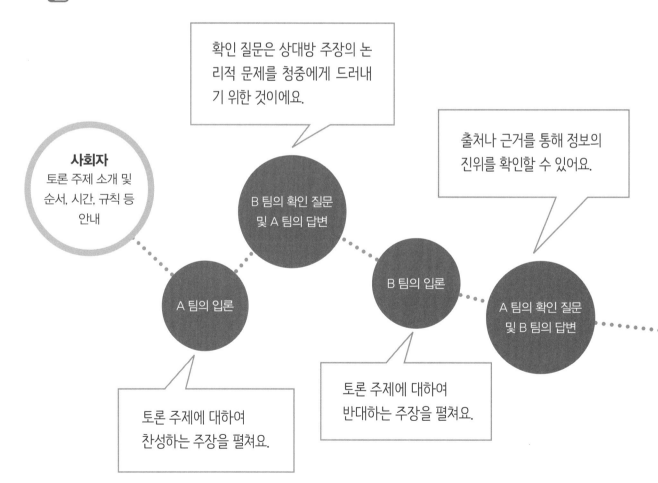

확인 질문은 상대방 주장의 논리적 문제를 청중에게 드러내기 위한 것이에요.

출처나 근거를 통해 정보의 진위를 확인할 수 있어요.

사회자
토론 주제 소개 및 순서, 시간, 규칙 등 안내

B 팀의 확인 질문 및 A 팀의 답변

A 팀의 입론

B 팀의 입론

A 팀의 확인 질문 및 B 팀의 답변

토론 주제에 대하여 찬성하는 주장을 펼쳐요.

토론 주제에 대하여 반대하는 주장을 펼쳐요.

토론을 통해서 사회적인 문제와 개인적 고민에 대해
더 잘 이해할 수 있고 해결책도 찾을 수 있어요.

 토론의 자세

▷ 사회자는 토론자에게 질문을 하고 토론자의 발언
을 요약하면서 토론을 진행해요.
▷ 사회자의 중요한 자세는 공평함과 공정함이에요.
▷ 찬성쪽과 반대쪽에 말할 기회를 공평하게 주
고, 공정하게 토론을 이끌어 가야 해요.

▷ 토론자는 서로 존중하면서 정중하고 예의
바른 태도로 토론을 해야 해요.
▷ 상대 토론자를 비꼬거나 공격하는 말투를
쓰면 안 돼요.
▷ 상대 토론자가 말을 하고 있는데 끼어들거나
말을 잘라서는 안 돼요.

사회자

토론자

자신의 주장을 보강 및 정리
하고 상대방 주장에 대해 반
박을 해요.

사회자는 토론 내용을 정리하
여 발표한 후 토론을 마무리
해요. 이때 청중들의 반응을
들어 볼 수 있어요.

입론과 질문 및 확인 과정을
한 번 더 반복할 수 있어요.

A 팀의 반론

B 팀의 반론

사회자의
토론 마무리

자신의 주장을 보강 및
정리하고 상대방 주장에
대해 반박을 해요.

반론 과정을 한 번 더
반복할 수 있어요.

토론하기에서 질문하기에 대해서 알아봅시다.

질문하기란 어떤 내용이 모르는 것이거나 알고 있는 사실과 다를 때 묻는 것을 말한다. 또한 해당 내용에 대해서 다시 확인할 필요가 있을 때에도 질문한다.

오늘은 역할 갈등이 일어났을 때 어떻게 할 것인지에 대해 토론하기로 했다. 토론할 내용은 다음과 같다. "내일 중요한 회의 준비를 위해 동료들과 야근을 해야 하는 직장인 P 씨, 그런데 오늘은 회사 일이 끝나는 대로 아이를 데리러 어린이집에 가기로 약속을 했다. P 씨는 어떤 결정을 해야 할까?" 지금부터 위의 주제로 토론이 어떻게 진행되는지 살펴보자.

••••••▶ 의사소통 4권 3과 '-는 대로'

① 사회자의 주제 소개

만약 여러분이 P 씨의 상황이라면 '직장인으로서의 나'와 '엄마로서의 나' 중 무엇이 더 중요하다고 생각합니까? 직장인으로서 당연히 회의 준비를 해야 한다는 입장을 가지고 있는 A 팀이 먼저 발언해 주십시오. 발표 시간은 2분입니다.

② A 팀의 입론

저희는 아이와의 약속을 지키는 것도 중요하지만 회의 준비를 하는 것이 더 중요하다고 생각합니다. 아이를 데리러 가기 위해 회의 준비에서 빠지게 되면 결국 다른 사람이 그 일을 해야 합니다. 그것은 다른 사람에게 일을 미루는 것과 같습니다. 개인적인 일로 다른 사람에게 피해를 주는 것은 옳지 않습니다.

⑤ A 팀의 대답

첫 번째 하신 질문에 대한 답을 먼저 드리면 꼭 그런 것은 아닙니다. 하지만 이 경우에는 다른 가족이 아이를 데리러 갈 수도 있다고 생각합니다. 두 번째 질문에 대한 답을 드리겠습니다. 물론 일반적으로는 정식 근무 시간과 야근이 다른 가치를 지닙니다. 하지만 중요한 회의를 준비하는 야근이라면 정식 근무 시간과 다르지 않다고 생각합니다.

질문하기

③ 사회자의 토론 진행

A 팀의 의견 잘 들었습니다. 이에 대해 반대 입장을 가지고 있는 B 팀 질문하십시오. 질문 시간은 2분입니다.

■ **대답이 길어질 수 있는 질문은 피하기**
질문은 짧은 대답이 나올 수 있거나 '네' 또는 '아니요'로 답할 수 있게 하는 것이 좋다.
그렇지 않고 열린 질문을 하게 되면 상대 토론자가 자신의 의견을 주장하는 데 시간을 사용할 수 있다.

■ **상대방 주장에서 타당성이 떨어지는 부분에 대해 질문하기**
상대방의 주장 내용에서 타당성이 떨어진다고 판단되는 내용에 대해서 질문을 한다. 합리성이 떨어지거나 확인이 필요한 것을 질문한다.

④ B 팀의 질문

말씀 잘 들었습니다. 두 가지 질문을 드리겠습니다.
첫 번째 질문입니다. A 팀의 주장은 어떤 경우에도 개인의 일보다는 회사 일이 중요하고 그래서 회사 일을 우선적으로 해야 한다는 뜻입니까?
두 번째 질문입니다. 정식 근무 시간과 야근이라는 것이 동등한 가치나 동등한 중요성을 가진다고 주장하시는 것입니까? 근무 시간이라면 당연히 회사 일을 해야 하지만 근무 시간이 아닌 경우에도 회사 일을 위해 야근을 하며 개인이 희생해야 한다는 것입니까? 과연 이것이 옳은 것인지 묻고 싶습니다.

학습하기 1 다지기

■ 〈보기〉에서 알맞은 말을 골라 문장을 완성하세요.

> 〈보기〉
>
> | 갈등 | 동등 | 살펴보다 | 입장 | 토론 |

(1) 서로 자기 이익만을 내세우게 되면 (　　　　)만 점점 더 심해진다.

(2) 우리 학교 학생들은 모두 차별 없이 (　　　　)한 조건에서 공부한다.

(3) 학교는 학생들의 안전을 위해 수학여행을 취소한다는 (　　　　)을/를 밝혔다.

(4) 시험 보기 전에 선생님이 중요하다고 말한 부분을 자세히 (　　　　)으려고/려고 한다.

(5) 학생들은 교내에서 휴대 전화를 가지고 있어도 되는지에 대해 찬반 (　　　　)을/를 벌였다.

■ 학습하기 1의 내용과 같은 것을 고르세요.

① A 팀은 회의 준비보다 아이와의 약속이 중요하다고 생각한다.

② B 팀은 아이를 데리러 가는 일은 가족이 하면 된다고 생각한다.

③ B 팀은 중요한 회의 준비를 위해 개인이 희생해야 한다고 생각한다.

④ A 팀은 개인적인 일로 다른 사람에게 피해를 주면 안 된다고 생각한다.

기능 확인하기

- 토론에서 '질문'은 상대편이 발언한 내용에 대해서만 질문합니다.
- 상대편이 내세운 논점이나 발언 내용의 허점에 대해 질문합니다.
- 질문은 짧은 답변이 나올 수 있도록 질문을 구성하거나 '네', '아니요' 같은 단답형 답변이 나올 수 있도록 합니다.
- 짧게 여러 번 질문을 함으로써 질문의 의도가 무엇인지 심사 위원이나 청중들이 알 수 있도록 합니다.
- 상대방의 주장 내용에서 타당성이 떨어진다고 판단되는 내용에 대해서 질문합니다.
- 합리성이 떨어지거나 확인이 필요한 것을 질문합니다.

▨ '교내에서 휴대 전화를 가지고 있는 것을 금지해야 하는가'라는 주제로 토론을 하고 있습니다. 다음 주장에 알맞은 질문을 써 보세요.

> **입론** 학교 안에서 휴대 전화 소지를 금지해야 한다고 생각합니다. 휴대 전화는 공부를 하는 데 방해가 된다고 생각합니다. 휴대 전화를 가지고 있으면 학생들은 문자 메시지를 보내거나 인터넷 그리고 게임을 할 것입니다. 교내에서 학생 스스로 휴대 전화 사용을 자제할 수 있는 방법은 없다고 생각합니다. 학교는 교육을 위한 기관입니다. 학교에서 게임이나 문자 메시지 등은 아예 시작을 해서는 안 된다고 생각합니다.

〈질문〉

활동하기

▨ '부모님이 반대하는 결혼(연애)을 해야 하는가'라는 주제로 토론을 하고 있습니다.
두 사람이 짝이 되어 아래의 질문에 답해 보세요.

줄리엣, 나와 결혼해 줘.

네, 로미오. 사랑해요.

그 남자와 절대 결혼은 안 된다.

나는 어떤 선택을 해야 할까요?

(1) 여러분이 줄리엣이라면 어떻게 할 겁니까? 자신의 주장을 펼쳐 보세요.

(2) 친구의 주장을 잘 듣고 질문을 해 보세요.

학습하기 2

토론하기에서 진위 확인하기에 대해 알아봅시다.

진위 확인하기란 어떤 사실이 참인지 거짓인지를 확인함으로써 의견이나 주장이 진실임을 밝히는 것을 말한다.

등산객들의 안전을 위해 산에 케이블카를 설치하고 계단을 만들자는 제안을 놓고 토론이 진행 중이다. A 팀은 이 제안에 찬성하고 있다. B 팀은 자연환경 보호와 생물 다양성 보존을 위해 더 이상 산을 개발해서는 안 된다는 반대 의견을 주장하고 있다. 두 팀은 상대 팀의 주장에 이용된 자료의 진위를 확인한 후 잘못된 점을 반박하고 자신의 팀의 주장을 보강하기 위해 반론을 해야 한다.

① 사회자의 토론 진행

먼저 B 팀은 첫 번째 반론을 해 주시기 바랍니다.

② B 팀의 반론

• 의사소통 4권 3과 '-는다면서'

먼저 A 팀은 케이블카나 계단을 만들면 등산객들이 안전하게 산을 오를 수 있다면서 산의 개발을 주장했습니다. 그런데 그 주장의 근거가 되는 자료가 있습니까? 제가 확인했을 때 개발로 인해 안전사고가 줄어든다는 통계 자료는 어디에도 없습니다. 즉, A 팀은 근거 자료도 없이 막연한 추측만으로 개발을 하면 사고가 덜 날 것이라고 주장하고 있는 것입니다.

⑤ B 팀의 반론

네, 근거 자료가 있습니다. 저희가 준비한 환경부 자료에 따르면 사라질 위기에 처한 야생 동물종의 수는 1989년 92종에서 2017년에 267종으로 늘었다고 합니다. 생물의 다양성이 위협받고 있다는 뜻이지요. 그리고 한 조사에 따르면 무분별한 개발이 생물 다양성을 위협하는 주요 원인이라고 합니다. 그러므로 개발이 과연 무조건적으로 옳은 것인지 우리는 의심해 봐야 합니다.

진위 확인하기

▶ 상대방 주장의 근거를 반박할 수 있는 자료를 제시하여 진위를 확인하고 상대방 주장의 허점을 찾아낼 수 있다.

▶ 상대방 주장의 근거가 되는 자료의 출처나 그 자료의 사실 여부를 확인하여 진위를 밝힐 수 있다.

▶ 통계 자료나 설문 조사 결과의 경우 조사의 신뢰성을 확인하여 진위를 확인할 수 있다.

③ 사회자의 토론 진행

네, 잘 들었습니다. 이어서 A 팀이 반론해 주시고 그다음에 B 팀이 두 번째 반론을 해 주십시오. 마지막으로 A 팀 두 번째 반론을 해 주시기 바랍니다. 그럼 찬성 측 첫 번째 반론 부탁드립니다.

■ 반론은 상대방이 내세운 주장이 타당한지 주제에서 벗어나지 않았는지를 꼼꼼하게 따져 보는 단계이다. 또한 근거 자료의 진위를 확인하며 잘못된 점을 반박할 수 있다.

④ A 팀의 반론

네, 물론 통계 자료는 없습니다. 그런데 그런 시설을 개발했을 때 어떤 사람이 이용하는지를 생각해 보십시오. 어린아이, 노인, 장애인까지 시설을 이용할 수 있다는 것은 목적지까지 안전하게 갈 수 있다는 것입니다. 저희는 오히려 개발이 생물의 다양성을 위협한다고 하는 주장이야말로 근거가 있는 것인지를 묻고 싶습니다.

⑥ A 팀의 반론

방금 사라질 위기에 처한 생물의 종 수가 늘었다는 통계 자료를 B 팀에서 제시하셨습니다. 그런데 그 자료가 개발 지역의 통계 자료입니까? 만약 그렇다면 개발 전후의 생물종 수를 비교 조사한 것입니까? 그것이 아니라면 그 자료는 B 팀 주장의 근거가 될 수 없습니다.

어휘 확인하기

■ 〈보기〉에서 알맞은 말을 골라 문장을 완성하세요.

> **〈보기〉**
>
> 개발　　　반박　　　보존　　　추측　　　통계

(1) 문화재는 대부분 박물관에 (　　　　)되어 있다.

(2) 앞으로 일어날 일을 (　　　　)하면서 책을 읽으면 훨씬 재미있다.

(3) 나는 그 사람의 주장에 (　　　　)하기 위해서 많은 자료를 준비했다.

(4) 이 (　　　　) 자료는 학생들을 대상으로 공부 시간을 조사한 결과이다.

(5) 우리 부서는 요즘 신제품을 (　　　　)하기 위해 밤낮 없이 회의를 하고 있다.

내용 확인하기

■ 학습하기 2의 내용과 같은 것을 고르세요.

① B 팀은 산을 개발하는 것을 반대하고 있다.

② A 팀은 그들의 주장에 대한 근거 자료가 있다.

③ B 팀은 무분별한 개발이 안전사고의 원인이라고 생각한다.

④ A 팀은 노인을 위해서 케이블카를 설치해야 한다고 주장한다.

기능 확인하기

'진위 확인'을 통해 토론에서 제기한 주장이 사실인지 아닌지를 확인할 수 있습니다.
- 상대방 주장의 근거를 반박할 수 있는 자료를 제시하여 진위를 확인하고 허점을 드러낼 수 있습니다.
- 상대방 주장의 근거 자료 출처나 제시된 자료의 사실 여부를 확인하여 진위를 드러낼 수 있습니다.
- 통계 자료나 설문 조사 결과의 경우 조사의 신뢰성을 확인하여 진위를 드러낼 수 있습니다.

▨ 다음 중 진위를 확인하는 질문으로 알맞은 것을 고르세요.

① 케이블카를 설치하면 안전사고가 줄어들까요?

② 개발을 하는 것이 우리에게 이익이라고 생각합니까?

③ 등산객의 안전 문제를 해결하기 위해 어떻게 해야 할까요?

④ 개발로 인해 사라지는 생물종의 수가 더 많다는 정보는 어디에서 확인했습니까?

활동하기

▨ 다음은 '선의의 거짓말은 필요한가'에 대한 찬성 주장입니다. 진위를 확인하는 질문을 하고 반론을 제기해 보세요.

선의의 거짓말은 필요하다고 생각합니다. 정직함이 중요하다 해도 때로는 상대에게 고통을 줄 수 있습니다. 예를 들어 불치병에 걸린 환자에게 사실대로 말하는 것이 항상 옳을까요? 이러한 상황에서 선의의 거짓말은 정직하게 말하는 것보다 좋은 결과를 가져다 줄 수도 있습니다. 환자가 희망을 가지고 병을 극복하기 위해 노력하기 때문입니다. 이처럼 선의의 거짓말은 다른 사람에게 삶의 행복과 희망을 주거나 좋은 결과를 가져올 수도 있습니다. 학생들을 대상으로 설문 조사한 결과에 따르면 72%가 선의의 거짓말을 해 본 적이 있다고 합니다. 그러므로 좋은 의도로 하는 거짓말은 잘못되었다고 할 수 없습니다.

지식 더하기

국어

논제 토론이나 논의의 주제.
#subject of discussion #предмет спора #chủ đề tranh luận

설득력 잘 설명하거나 타일러서 상대방이 그 말을 따르거나 이해하게 하는 힘.
#persuasive power #сила убеждения #sức thuyết phục #동영상

역설 어떤 사상이나 주장에 반대되는 이론이나 말.
#paradox #парадокс #sự ngược đời

수학

반비례 한쪽이 커지는 만큼 다른 한쪽이 작아지는 관계.
#inverse proportion #обратная пропорциональность #tỷ lệ nghịch

정비례 두 대상이 서로 같은 비율로 커지거나 작아지는 일.
#direct proportionality #прямая пропорция #tỉ lệ thuận

민사 개인의 권리나 이익 문제로 인한 다툼과 같이 민법과 관계된 일.
#civil case #гражданское дело #dân sự #동영상

보장 잘못되는 일이 없도록 보증하거나 보호함.
#guarantee #гарантия #sự bảo đảm

형사 형법의 적용을 받는 사건.
#criminal case #уголовное дело #vụ án hình sự

과학

광합성 녹색식물이 태양 에너지를 이용하여 이산화 탄소와 수분으로 유기물을 만들어 내는 과정.
#photosynthesis #фотосинтез #tính quang hợp

생태계 일정한 지역이나 환경에서 여러 생물들이 서로 적응하고 관계를 맺으며 어우러진 자연의 세계.
#ecosystem #экосистема #hệ sinh thái #동영상

12과 실험하기

더 배워요(선택)
**재미있는
수업 활동**

학습 도구(선택)
실험하기

꼭 배워요(필수)
**실습 및 실기 수업의
과정 설명하기**

학습 목표

실험 과정에 대해 안다.

실험을 통해 가설을 증명하는 방법에 대해 안다.

실험을 통해 서로 다른 물질을 비교하는 방법에 대해 안다.

주제 확인하기

학습하기 1 증명하기(고대 문명의 형성)

학습하기 2 비교하기(산소와 산화)

실험하기

실험 과정

대상을 관찰하고 의문을 가지는 단계예요.

의문을 가진 문제에 대한 해답을 미리 만들어 보는 것이에요.

1 문제 인식

2 가설 설정

가설 X

가설 O

6 결론 도출

5 실험 결과 분석

실험 분석 결과가 가설과 일치하면 결론을 내리고 보고서를 작성해요.

실습을 통해 우리가 알고 있던 것이 사실인지를 확인할 수 있는 것처럼 공부를 하면서 생기는 의문은 실험을 통해 확인하고 증명할 수 있어요.

가설을 확인하고 증명하기 위한 방법과 과정을 정하는 것이에요.

좋은 가설이란

가설을 설정할 때는 이런 점들을 유의해야 해요.

③ 실험 설계

④ 실험 수행

■ **검증 가능성**
관찰, 관측, 실험을 통해 검증이 가능해야 해요.

■ **검증 필요성**
이미 누구에게나 받아들여져서 검증할 필요가 없는 것을 가설로 세우면 안 돼요.

■ **변수 간 명확한 관계**
예) 'A'가 변하면 'B'도 변한다.
    'A'가 증가할 때 'B'는 감소한다.

■ **가치 중립적 진술**
가치 판단이 들어가서는 안 돼요.

설계한 방법과 과정대로 실험을 하는 것이에요. 실험 과정을 자세히 기록하고 수행 과정에서 나오는 자료와 데이터를 빠짐없이 수집해요.

학습하기 1

실험하기에서 증명하기에 대해 알아봅시다.

증명하기란 어떤 일에 대한 판단이나 주장, 가설이 진실인지 아닌지 근거를 들어 밝히는 것을 말한다.

영수는 오늘 역사 시간에 문명의 발생지들이 큰 강 유역에서 발생했다는 것을 배웠다. 영수는 사람들이 왜 큰 강 유역에 모여 살았는지 궁금했다. 영수는 큰 강 유역이 사람들이 모여 살기에 좋은 공간이었을 것이라는 생각이 들었다. 그래서 영수는 자신의 생각이 맞는지 확인하려고 한다.

가설: 문명의 발생지는 사람들이 모여 살기에 좋은 공간이었다.

문명의 발생지

고대 문명의 발생지를 살펴보면 메소포타미아 문명은 티그리스와 유프라테스 두 강 유역을 중심으로 발생했다. 이집트 문명은 나일강 유역, 인도의 고대 문명은 인더스강 유역, 중국의 고대 문명은 황허강 유역에서 발생되었다.

그렇구나. 문명이 발생했다는 것은 사람들이 모여 살았다는 거지? 그런데 사람들은 왜 큰 강 유역에 모여 살았을까?

사례 1: 중국의 고대 문명

의사소통 4권 4과 '-을수록'

수분이 충분하고 토양이 <u>기름질수록</u> 농사를 짓기에 적합하다. 황허강 중류 지역은 흙이 부드럽고 비옥하여 간단한 도구로도 농사를 지을 수 있어 많은 사람이 모여 살았다. 또한 황허강 유역의 각 유적지에서는 다양한 형태의 농기구가 출토되었다.

증명하기

가설이 참인지 거짓인지 어떻게 확인할 수 있을까? 이를 증명하는 방법은 다음과 같다.
- 실험을 통해 증명할 수 있다.
- 사례를 수집하여 제시하거나 통계 자료를 분석하여 증명할 수 있다.
- 전문가의 의견이나 권위 있는 서적의 내용을 인용하여 증명할 수 있다.
- 직접 현장에 가서 근거를 확보하여 증명할 수 있다.

사례 2: 이집트 문명

이집트를 흐르는 나일강은 해마다 주기적으로 일정한 높이로 물이 흘러넘치는데 이때 비옥한 흙이 물과 함께 흘러 강 주변 지역으로 이동한다. 이 때문에 일찍부터 강줄기를 따라 농경이 발달했다. 이러한 사실은 고대 그리스 학자인 헤로도토스가 쓴 《역사》라는 책에도 잘 나타나 있다.

사례 3: 인도의 고대 문명

인더스강 유역은 기름진 평야 지대로 농경이 발달했다. 이 지역은 정기적이지는 않았으나 흘러넘치는 강물 덕분에 토지가 기름져 농사가 잘되었다.

사례 4: 메소포타미아 문명

티그리스강과 유프라테스강 유역은 비옥한 초승달 지역으로 가장 먼저 농경이 시작되었다.

사례들에는 다음과 같은 공통점이 있었다.

첫째, 문명의 발생지에는 큰 강이 있었다.
둘째, 비옥한 땅이 있어 농사짓기에 좋았다.
셋째, 농사를 통해 식량을 구하기가 쉬웠다.

이상의 공간적 특징으로 인해 큰 강 주변에 사람들이 많이 모여 살았던 것이다.

사례를 수집하여 살펴보니 앞의 가설이 증명되는구나.

주어진 정보를 무조건 외우기보다 이렇게 증명하기의 과정을 통해 확인하니까 이해가 잘 되네.

학습하기 1 다지기

■ 〈보기〉에서 알맞은 말을 골라 문장을 완성하세요.

> 〈보기〉
>
> | 실험 | 인용 | 적합 | 정기적 | 확보 |

(1) 축구는 많은 팬을 (   )하고 있는 인기 스포츠이다.

(2) 담임 선생님께서는 말씀 중에 속담을 자주 (   )하신다.

(3) 학교에서 일 년에 한 번씩 (   )으로/로 체력 측정을 한다.

(4) 학교 도서관은 조용하고 편안해서 독서를 하기에 (   )하다.

(5) 과학실에는 (   )을/를 할 때 필요한 여러 가지 도구들이 있다.

내용 확인하기

■ 학습하기 1의 내용과 같은 것을 고르세요.

① 티그리스강 유역은 주기적으로 물이 흘러넘쳤다.

② 나일강 유역에서는 간단한 도구로 농사를 지었다.

③ 인더스강 유역은 기름진 평야 지대로 농경이 발달했다.

④ 황허강 유역은 가끔씩 흘러넘치는 강물 덕분에 토지가 기름졌다.

증명하기

기능 확인하기

증명하기란 어떤 일에 대한 판단이나 주장, 가설이 진실인지 아닌지 근거를 들어 밝히는 것을 말합니다. 증명하는 방법은 다음과 같습니다.

■ 실험을 통해 증명할 수 있습니다.

■ 사례를 수집하여 제시하거나 통계 자료를 분석하여 증명할 수 있습니다.

■ 전문가의 의견이나 권위 있는 서적의 내용을 인용하여 증명할 수 있습니다.

■ 직접 현장을 확인하여 근거를 확보하여 증명할 수 있습니다.

▨ 다음 중 학습하기 1에서 가설을 증명하기 위해 사용한 방법으로 알맞은 것을 모두 고르세요.

① 현장 조사   ② 사례 조사   ③ 통계 자료 분석   ④ 서적 내용 인용

활동하기

▨ 다음의 정보를 읽고 그것이 사실이라는 것을 증명하기 위한 적절한 방법을 써 보세요.

정보	방법
공원에는 운동 기구가 있기 때문에 산책하는 사람들보다 운동하는 사람들이 많다.	예) 직접 현장에 가서 확인한다.
이열치열이라는 말에서 알 수 있듯이 더운 날에는 차가운 음식보다 뜨거운 음식을 더 선호한다.	
'가' 우유가 가격이 싸기 때문에 사람들은 '나' 우유보다 '가' 우유를 더 선호한다.	
한국 학생이 외국 학생보다 공부 시간이 더 많다.	

실험하기에서 비교하기에 대해 알아봅시다.

비교하기란 둘 이상의 대상을 함께 놓고 어떤 점이 같고 어떤 점이 다른지 살펴보는 것을 말한다.

안나가 점심에 먹다 남은 사과를 저녁에 먹으려고 보니 사과의 색이 갈색으로 변해 있었다. 사과의 갈변은 사과에 있는 '폴리페놀'이라는 산화 효소에 의해 생기는데 이것의 활성화를 막으면 갈변을 지연할 수 있다고 한다. 그러면 일상생활에서 산화를 억제할 수 있는 물질이 무엇인지 확인해 보자.

실험 준비

껍질을 깎은 사과의 색은 왜 변하고 어떻게 하면 색이 변하는 것을 막을 수 있을까?

사과의 색이 갈색으로 변하는 것을 '갈변 현상'이라고 한다. 갈변 현상은 사과에 있는 산화 효소와 산소가 만나게 되면서 갈색으로 변하는 것을 말한다.
사과가 갈변하는 현상은 pH를 낮추어 주거나 염화 이온을 이용하여 억제할 수 있다.

먼저 공기 접촉에 따른 사과의 갈변 정도를 확인해 봐야겠어. 다음은 pH를 떨어뜨리기 위한 산성 물질과 소금물의 염화 이온이 사과의 갈변 현상에 어떤 영향을 미치는지 확인하기 위해 여러 가지 물질을 가지고 비교해 봐야겠어. 실험을 통해 비교해 보자.

준비물 사과, 랩, 접시, 탄산음료, 소금물, 물, 투명한 컵, 초시계

실험 과정 ❶

[실험 절차] ❶ 사과를 잘라 접시 위에 둔다. •······ 의사소통 4권 4과 '-은 채로'
❷ 사과 한 쪽을 랩으로 <u>감싼 채로</u> 접시 위에 둔다.
❸ 2시간 후 색깔 변화를 동시에 관찰한다.

그대로 둔 사과의 색은 전체가 갈색으로 변했지만 랩으로 감싼 사과는 전체가 연한 갈색으로 변했네. 공기의 접촉이 적으면 갈변이 잘 안 되는구나.

비교하기

실험 과정 ❷

비교 대상인 용액을 제외하고
나머지 조건은 똑같아야 한다.

[실험 절차]
❶ 투명한 컵에 준비한 각 물질을 담는다.
❷ 사과를 잘라 준비한 각기 다른 용액에 담근다.
❸ 30분 후 다시 꺼내어 준비한 투명한 컵에 담는다.
❹ 12시간 후 색깔 변화를 동시에 측정한다.

- 실험에서 비교할 때는 비교 대상 외에 나머지 실험 조건을 똑같이 해야 한다.
- 실험에서 비교를 통해 알게 된 공통점 및 유사점, 차이점은 표나 그래프로 제시하면 효과적으로 드러낼 수 있다.
- 실험에서 비교를 통해서 얻은 결과 중 어떤 것이 유의미한지 판단해야 한다.

실험 결과를 더 분명히 보여 주기 위해 그래프를 그리면 좋을 것 같아. 갈변이 가장 적게 일어난 것은 소금물에 담갔다가 꺼낸 사과네.

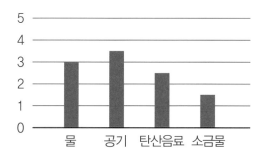

갈변 정도
없다=0
거의 없다=1
중간=3
많다=5

실험 결과

실험 결과, 첫 번째 실험에서 랩으로 감싼 것은 공기의 접촉이 적어 갈변이 잘 안 되었다. 그리고 두 번째 실험에서 갈변 현상이 강한 정도는 공기, 물, 탄산음료, 소금물 순이었다. 소금물에서 갈변 현상이 가장 적게 일어났다. 사과의 갈변 현상을 막기 위해서는 소금물이 가장 효과가 좋다.

이렇게 비교를 해 보니 어떤 점이 어떻게
다른지 더 확실하게 알 수 있네.

학습하기 2 다지기

어휘 확인하기

■ 〈보기〉에서 알맞은 말을 골라 문장을 완성하세요.

〈보기〉

| 방지 | 억제 | 절차 | 측정 | 현상 |

(1) 온도계로 체온을 (　　　)할 수 있다.

(2) 과학 실험을 할 때는 정해진 (　　　)에 따라 진행해야 한다.

(3) 지구 온난화로 기후가 이상해지는 (　　　)이/가 나타나고 있다.

(4) 환경을 위해서 일회용품 사용을 (　　　)하려는 노력이 필요하다.

(5) 바닷가에서는 홍수 피해를 (　　　)하기 위해 바다와 마을 사이에 나무를 심는다.

내용 확인하기

■ 학습하기 2의 내용과 <u>다른</u> 것을 고르세요.

① 실험 1과 2는 각기 다른 시간에 측정됐다.

② 실험 1에서 공기 중의 사과 색이 더 변했다.

③ 실험 2에서 사과는 물에서 색이 가장 많이 변했다.

④ 실험 2에서 사과는 소금물에서 색의 변화가 가장 적었다.

기능 확인하기

실험에서 비교할 때 알아야 할 사항은 아래와 같습니다.

- 비교 대상들의 어떤 점들을 비교해야 하는지 정합니다.
- 무언가를 비교하기 위해서는 기본적으로 비교하는 대상 외에 모든 조건은 동일해야 합니다.
  이는 바뀌지 않는 조건이고 비교 시에 준거가 되기 때문입니다.
- 비교하기를 통해서 얻은 결과는 표나 그래프로 작성하면 비교하기 쉽습니다.
- 비교하기를 통해서 얻은 결과 중 어떤 것이 유의미한지 판단해야 합니다.

▨ 다음 중 실험에서 비교하기를 할 때 알아야 할 사항으로 알맞은 것을 모두 고르세요.

① 실험 결과는 모두 유의미하다.

② 실험 대상의 특징을 모두 비교해야 한다.

③ 실험 대상을 제외하고 모든 조건은 동일해야 한다.

④ 실험 결과를 표나 그래프로 작성하면 비교하기 쉽다.

활동하기

▨ 우리 주변에서 물질의 세 가지 상태(고체, 액체, 기체)의 특징과 예를 찾아 빈칸에 써 보세요.
그리고 그 물질이 어떠한 차이가 있는지 비교해서 이야기해 보세요.

물질의 상태에 대해 책이나 인터넷에서 찾아보세요. 고체, 액체, 기체의 특징을 비교하면 물질의 상태에 따라 여러 가지 차이가 있다는 것을 알 수 있을 거예요.

상태	고체	액체	기체
특징	모양과 부피가 일정하다.		모양과 부피가 일정하지 않다.
		흐르는 성질이 있다.	
예			공기, 수증기 등

🔍 물질의 상태 변화 예, 고체, 액체, 기체

지식 더하기

국어

대조 둘 이상의 것을 맞대어 같고 다름을 살펴봄.
#comparison #сопоставление #sự đối chiếu

은유 문학에서, 직접 말하지 않고 다른 말로 바꾸어 암시적으로 나타내는 방법.
#metaphor #метафора #ẩn dụ #동영상

창조성 전에 없던 것이나 새로운 것을 만드는 성질.
#creativity #созидательность #tính sáng tạo

수학

계수 문자와 숫자로 된 수학식에서 기호 문자 앞에 붙는 숫자.
#coefficient #числовой множитель #hệ số

함수 두 개의 변수 사이에서, 하나의 변수의 값이 변하는 데 따라서 다른 변수의 값이 정해짐을 나타내는 수식.
#function #функция #hàm số #동영상

사회

개항 외국과 교류를 하고 물품을 사고 팔 수 있게 항구를 개방함.
#opening up a port to foreigners #открытие порта #sự mở cảng thông thương

무역 나라와 나라 사이에 서로 물건을 사고파는 일.
#trade #внешняя торговля #thương mại #동영상

쇠퇴 강하게 일어났던 현상이나 세력, 기운 등이 약해짐.
#decline #упадок #sự suy thoái

과학

염기성 산의 작용을 중화하고 산과 작용하여 염과 물만을 만드는 성질.
#basicity #щёлочность #tính kiềm #동영상

화학 물질의 구조, 성분, 변화 등에 관해 연구하는 자연 과학의 한 분야.
#chemistry #химия #hóa học

13과 평가받기

더 배워요(선택)
대회 참가 및 결과

학습 도구(선택)
평가받기

꼭 배워요(필수)
대회 참가하기

평가받기

1 평가의 개념

평가는 학습과 수업 활동을 통해 학생들이 어느 정도 수준에 도달해 있는지를 확인하는 과정이에요. 학생들은 평가받기를 통해 어떤 것을 잘하는지, 어떤 점이 부족한지를 돌아봄으로써 더욱 성장하고 발전할 수 있어요.

2 목적과 시기에 따른 평가 유형

학습 활동을 시작하기 전에 학생이 학습 목표에 대해 어느 정도 준비되어 있는지 확인하는 평가예요. 학습 목표와 관련된 선행 지식을 얼마나 알고 있는지 평가해요.

학습이 진행되고 있는 과정 중에 실시하는 평가예요. 학생이 학습 내용을 잘 이해하고 있는지 주기적으로 관찰하고 평가해요.

학습이 끝났을 때 학습 목표가 얼마나 달성되었는지 알아보는 종합 평가예요. 학습의 전 영역을 종합적으로 평가해요.

[진단 평가]
학습이 시작되기 전

[형성 평가]
학습이 진행되고
있는 중

[총괄 평가]
학습이 끝난 후

배치 고사,
기초 학력 검사 등

쪽지 시험, 숙제,
교사의 질문 등

기말고사, 중간고사,
모의고사 등

대회에 참가하여 그동안 쌓은 자신의 실력을 평가받을 수 있는 것처럼 학교에서는 지식이나 능력을 시험이나 수행을 통해 평가받을 수 있어요.

 방법에 따른 평가 유형

질문이나 지시에 따라 주어진 보기 중에서 답을 고르는 문항 형식을 말해요. 여러 개의 보기 가운데 정답을 고르게 하는 선다형 문제가 주로 많이 사용돼요.

질문이나 지시에 따라 학생 스스로 답안을 작성하는 문항 형식을 말해요. 간단한 단어나 숫자 등으로 답을 쓰는 단답형 문제, 답을 서술하거나 논술하는 논문형 문제가 주로 많이 사용돼요.

선택형 문항

서답형 문항

문제지를 나누어 주고 연필이나 펜으로 답을 쓰게 하는 방법으로 평가해요.

지필 평가

수행 평가

프로젝트

실험·실습

계획서 작성 단계에서부터 결과물 완성 단계까지 전 과정을 평가해요.

토의·토론

포트폴리오

실험 도구 조작 능력이나 태도, 지식을 적용하는 능력 등을 평가해요.

자료 준비의 다양성이나 적절성, 내용의 논리성, 상대방의 의견을 존중하는 태도 등을 평가해요.

학생이 만든 작품이나 수집한 자료집을 통해 학생 개개인의 변화와 발전 과정을 평가해요.

학습하기 1

■ **평가받기에서 암기하기에 대해 알아봅시다.**

암기하기란 다시 떠올릴 것을 예상하고 의식적으로 잊지 않도록 외우는 것을 말한다.

과학의 날에 학교에서 '과학 퀴즈 대회'가 열린다. 영수는 과학 퀴즈 대회에 참가하고 싶어서 이전에 출제된 문제를 확인해 보았다. 그런데 외워야 하는 내용이 너무 많았다. 대회에서 좋은 성적을 받기 위해 많은 내용을 효과적으로 암기하는 방법을 찾아보려고 한다.

〈과학 퀴즈 대회 안내〉

1. 일시: 4월 21일 13:00∼17:30
2. 장소: 체육관
3. 대상: 중학교 1학년
4. 신청: 4월 15일까지 담임 선생님께 신청

출제 영역: 과학
출제 범위: 중학교 1학년 과학 1∼2단원
출제 유형: OX문제 / 객관식 문제 / 주관식 문제

과학 퀴즈 대회에 나가서 우수한 성적을 거두고 싶은데 어떻게 해야 하지? 그동안 대회 우승자들은 어떻게 공부했는지 찾아봐야겠다.

• 의사소통 4권 5과 '-는 탓에'

암석의 종류	암석 표본
화성암	화강암, 현무암
퇴적암	역암, 사암
변성암	편마암, 대리암

과학에는 암기해야 하는 항목들이 많이 있어요. 저 역시 자주 잊어버리는 탓에 외우는 데 많은 어려움을 겪었어요. 그래서 제가 사용한 암기 방법 중 하나는 단어들의 앞 글자를 따서 외우는 것이에요. 예를 들면 암석의 종류를 '화화현, 퇴역사, 변편대'처럼 단어의 첫 글자를 따서 외워요. 그러면 화성암, 화강암, 현무암을 떠올릴 때 도움을 받을 수 있어요.

– 제2회 우승자 –

암기하기

암기 방법
- 단어들의 첫 글자를 따서 암기한다.
- 특징을 표나 그림으로 그려서 암기한다.
- 이야기를 만들어서 암기한다.

■시험에서 좋은 점수를 받기 위해서는 기본적으로 암기를 잘해야 한다. 암기하는 방식은 사람마다 공부의 내용마다 다를 수 있다.

이름을 암기를 할 때는 앞 글자를 따서 쉽게 외울 수 있는데 옆의 표는 어떻게 공부해야 하지?

암석은 생성 과정에 따라 화성암, 퇴적암, 변성암으로 구분된다.
화성암: 마그마가 식어서 만들어진 암석
퇴적암: 퇴적물이 다져지고 굳어져 만들어진 암석
변성암: 암석이 높은 열과 압력을 받아 성질이 변하여 만들어진 새로운 암석

	암석의 특징	암석의 이름
1	색이 밝다. 암석 결정의 크기가 크다.	화강암
2	암석의 색이 어둡다. 결정의 크기가 작다.	현무암
⋮	⋮	⋮

 작다
결정의 크기
크다

 현무암
화강암

어둡다   색   밝다

공부를 하다 보면 암기해야 할 내용들이 많을 때가 있어요. 이것을 외우는 저만의 공부 방법 중의 하나는 그림이나 표를 활용하는 것이에요. 비교 가능한 특징을 옆의 표와 같이 그림을 그려서 외우면 암기하기 쉬워요.
— 제3회 우승자 —

많은 개념들을 그냥 외우는 것은 힘들어요. 그런데 이야기 형식으로 설명이 되어 있는 것은 기억하기 쉬워요. 과학 다큐멘터리를 보면 기억이 잘 나는 것처럼요. 그래서 잘 안 외워지는 내용은 이야기를 만들어서 암기해요. 암기할 내용을 이야기로 재미있게 만들어서 외우면 특징들을 쉽게 떠올릴 수 있을 뿐만 아니라 오래 기억할 수 있어요.
— 제5회 우승자 —

다양한 암기 방법을 알고 있으면 공부를 할 때나 시험을 준비할 때 좋겠어.

학습하기 1 다지기

어휘 확인하기

■ 〈보기〉에서 알맞은 말을 골라 문장을 완성하세요.

> 〈보기〉
>
> **가능**   **생성**   **우수**   **종류**   **형식**

(1) 보고서는 특정한 (   )에 맞추어서 써야 한다.

(2) 생물은 크게 동물과 식물 두 (   )으로/로 나뉜다.

(3) 그는 여러 과목 중에서도 특히 국어 성적이 (   )했다.

(4) 김치가 발효되면서 (   )된 물질은 우리 건강에 이롭다.

(5) 도서관에서는 학생증이 있어야 책을 빌리는 것이 (   )하다.

내용 확인하기

■ 학습하기 1의 내용과 같은 것을 고르세요.

① 과학 퀴즈 대회는 오전에 시작한다.

② 과학 퀴즈 대회 신청은 4월 15일까지 해야 한다.

③ 과학 퀴즈 대회 문제는 객관식으로 구성되어 있다.

④ 과학 퀴즈 대회는 1학년부터 3학년까지 참가할 수 있다.

기능 확인하기

암기하는 방식은 사람마다 공부의 내용마다 다를 수 있습니다. 과목에 따라 자주 활용되는 암기 방식을 활용하는 것이 좋습니다. 아래의 암기 방법 외에도 자신만의 방법을 찾아 활용하는 것이 중요합니다.

암기 방법
- 단어들의 첫 글자를 따서 암기할 수 있습니다.
- 특징을 표나 그림으로 그려서 암기할 수 있습니다.
- 이야기를 만들어서 암기할 수 있습니다.

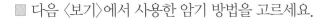 다음 〈보기〉에서 사용한 암기 방법을 고르세요.

〈보기〉

화성암의 종류에 화강암과 현무암이 있다는 것을 외울 때 화화현이라고 줄여서 외운다.

① 이야기를 만들어서 암기

② 단어의 첫 글자를 따서 암기

③ 특징을 표나 그림으로 그려서 암기

활동하기

◼ 다음 〈보기〉에서 알맞은 암기 방법 하나를 선택하고 '조선 왕조 계보'를 외워 보세요.

〈보기〉	(가) 단어의 첫 글자를 따서 암기하기 (나) 특징을 표나 그림으로 그려서 암기하기 (다) 이야기를 만들어서 암기하기

조선 왕조 계보

태조 – 정종 – 태종 – 세종 – 문종 – 단종 – 세조 – 예종 – 성종 – 연산군 – 중종 – 인종 – 명종 – 선조 – 광해군 – 인조 – 효종 – 현종 – 숙종 – 경종 – 영조 – 정조 – 순조 – 헌종 – 철종 – 고종 – 순종

■ 평가받기에서 성찰하기에 대해 알아봅시다.

> 성찰하기란 자신이 경험하고 학습한 내용에 대해 반성적으로 되돌아보는 과정을 말한다. 성찰하기를 통해 잘못된 것을 고치고 발전해 나갈 수 있다.

> 안나의 선생님은 '처음'이라는 주제로 글을 써 오라는 수행 평가 과제를 내 주셨다. 그래서 안나는 처음으로 노래 대회에 나갔을 때를 떠올리며 글을 썼다. 글을 다 쓴 후, 부족한 부분은 없는지 살펴볼 것이다.

나의 첫 무대

두근두근, 가슴이 떨리기 시작했다.

마음을 편안하게 하려고 해도 잘 되지 않았다. 내가 이 많은 사람들 앞에서 노래를 부르게 되다니. 심장이 계속해서 요동치고 있었다. 떨리는 마음이 좀처럼 진정되지 않았다. 내가 무대에 어떻게 걸어 나왔는지 기억이 나지 않았다. 관객들을 본 순간 노래 가사도 기억이 나지 않았다. 나는 당황한 마음을 진정시키기 위해 노력했다. 우두커니 무대에 서 있는데 익숙한 반주가 흘러나오기 시작했다. 나는 누가 시작하라고 알려 주지 않았는데도 반주에 맞춰 노래를 부르기 시작했다. 나는 하루 3시간씩 매일 연습을 했다. 연습하는 것이 쉽지는 않았지만 열심히 했다. 그동안 열심히 연습했기 때문에 가능한 일이었다. 노래를 부르면서 점점 자신감이 생겼다. 노래가 끝난 후 내 무대를 지켜보던 관객들과 심사 위원들이 박수를 쳐 주었다. 나는 좋은 결과를 얻은 것이 무척 기뻤다. 무대가 끝난 후 인사를 하고 내려왔다. 이것이 초등학교 2학년 때 처음으로 노래 대회에 참가했던 날의 기억이다. 그날 비록 무척 떨려서 노래 가사를 <u>잊을 뻔했지만</u> 3등이라는 좋은 결과가 있었다. 그 후로 나는 여러 차례 다양한 노래 대회에 참가해 좋은 성적을 거두었다.

● 의사소통 4권 5과 '-을 뻔하다'

> 초고여서 그런지 어색한 부분이 많네.
> 다시 보고 글을 수정해야겠어.

어휘와 문법

경험하다	수정하다	지시하다	드러나다
적절하다	통일성	완결성	

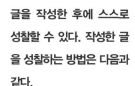

성찰하기

성찰하는 방법

- 과제에서 지시하는 바를 제대로 파악하였는지 확인한다.
- 과제를 해결하기 위해 사용한 방법이 적합했는지 확인한다.
- 주제나 문제에 대해 스스로에게 질문하고 답을 찾는 과정에서 잘못된 것은 없었는지 확인한다.

글을 작성한 후에 스스로 성찰할 수 있다. 작성한 글을 성찰하는 방법은 다음과 같다.

- 글의 제목의 적절성, 글의 주제, 글의 구성 등을 확인한다.
- 문단의 통일성, 중심 문장이 분명히 드러나는지, 문단의 길이가 적절한지 등을 점검한다.
- 단어를 적절하게 사용했는지, 띄어쓰기나 맞춤법은 바르게 되어 있는지를 살펴본다.

'나의 첫 무대'

심장이 계속해서 요동치고 있었다. 떨리는 마음이 좀처럼 진정되지 않았다.

나는 하루 3시간씩 매일 연습을 했다. 연습하는 것이 쉽지는 않았지만 열심히 했다.

(나는 좋은 결과를 얻은 것이 무척 기뻤다.) 나는 인사를 하고 무대에서 내려왔다. 이것이 초등학교 2학년 때 처음으로 노래 대회에 참가했던 날의 기억이다. 그날 비록 무척 떨긴 했지만 3등이라는 좋은 결과가 있었다. 나는 좋은 결과를 얻은 것이 무척 기뻤다. 그 후로 나는 여러 차례 다양한 노래 대회에 참가해 좋은 성적을 거두었다.

글의 제목은 '처음'이라는 주제와 잘 맞는 것 같아. 고치지 않아도 괜찮겠어. 그리고 나의 첫 무대에 대한 상황을 자세히 설명하고 그때 느낀 감정을 생생하게 잘 표현한 것 같아. 그런데 '처음'이라는 것의 의미와 가치에 대한 이야기가 없어서 아쉽네. 나의 첫 무대 경험을 통해 내가 깨달은 점과 변화된 나의 모습을 마지막 부분에 써야겠어. 그래야 글의 완결성이 생겨서 더 좋은 점수를 받을 수 있을 것 같아.

같은 내용이 반복되고 있으니까 지워야겠어.

연습한 내용이 자세히 들어가는 것은 글의 주제에서 벗어난 것 같아. 통일성을 해치지 않게 빼야겠어.

이 문장은 여기에 있는 것이 글의 흐름에 맞아.

이렇게 다시 살펴보면서 수정을 하면 훨씬 더 좋은 글을 쓸 수 있겠어.

학습하기 2 다지기

어휘 확인하기

■ 〈보기〉에서 알맞은 말을 골라 문장을 완성하세요.

> **〈보기〉**
>
> 경험   수정   적절하다   지시   통일성

(1) 책을 읽으면 많은 일을 간접적으로 (   )할 수 있다.

(2) 화재 상황에서는 소방관의 (   )에 따라 대피해야 한다.

(3) 보고서를 쓴 뒤에 다시 살펴보면서 맞춤법이 틀린 글자를 (   )해야 한다.

(4) 글을 쓸 때는 전체 내용이 (   )을/를 갖추고 있는지 확인하면서 써야 한다.

(5) 선생님께서 어려운 내용을 설명하실 때 (   )ㄴ/은 예시를 들어 주셔서 이해가 쉽게 됐다.

내용 확인하기

■ 학습하기 2의 내용과 같은 것을 고르세요.

① 나는 가끔 노래 연습을 했다.

② 나는 무대에서 자신감이 넘쳤다.

③ 나는 노래 부르는 것을 좋아하지 않았다.

④ 나는 초등학교 때 처음 노래 대회에 참가했다.

기능 확인하기

> 좋은 평가를 받기 위해서는 과제의 마지막 단계에서 성찰하는 과정이 요구됩니다. 자신이 만든 결과물이 과제에서 진정으로 요구하는 내용이 맞는지 확인합니다. 또한 과제를 해결하는 과정에서 실수하거나 잘못한 것은 없는지 확인합니다. 이를 통해 과제물의 완성도를 더욱 높일 수 있고 결국에는 평가에서 좋은 결과를 받을 수 있게 됩니다.

▨ 다음을 읽고 밑줄 친 부분을 고쳐 보세요. 그리고 왜 그렇게 고쳤는지 이유를 말해 보세요.

오늘은 백일장에 참가하는 날이다. 학교에 도착하니 많은 사람들이 줄을 서 있었다. 나는 사람들 뒤로 가서 줄을 섰다. ① 나는 항상 버스를 기다릴 때도 줄을 서서 기다린다. 대회장에 들어가니 나이 많으신 어른들도 많았다. 학생 부문이 아닌 일반인 부문 참가자가 정말 많았다. 주제가 어려웠지만 나는 주인공을 내 이름으로 정하고 수필을 써 내려갔다. ② 이번 백일장의 주제는 노래였다. 오후 4시쯤 되니 시상식이 시작되었다. 많은 사람들이 참가해서 큰 기대를 하고 있지 않았다. 그런데 은상 수상자를 발표할 때 내 이름이 나와서 너무 놀랐다. 참가하는 것만으로도 설레고 좋았는데 이렇게 상까지 받게 되니까 글을 쓰는 것이 더 즐거워졌다.

① _____

② _____

활동하기

▨ 다음 글을 읽고 앞에서 배운 방법을 써서 작성한 글을 성찰해 보세요.

나는 '음악 경연 대회'에 참가를 했다. 내 번호는 10번이었다. 사람들의 노래를 들으면서 기다리고 있었다. 참가자는 모두 20명이었다. 사람들 모두 노래를 너무 잘해서 긴장이 되었다. 내 차례가 되어서 무대에 올라갔다. 나는 학교에서 매일 노래 연습을 했다. 무대 위에서 앞을 바라보았다. 많은 사람들이 있었다. 많은 사람들 중에는 부모님도 계셨다. 부모님을 보니까 긴장이 풀렸다. 나는 준비한 노래를 부르고 내려왔다. 대회 무대는 정말 크고 아름다운 장소였다.

지식 더하기

국어

감탄문 말하는 사람이 듣는 사람을 별로 의식하지 않고 자기의 느낌을 비교적
강하게 표현하는 문장.
#exclamatory sentence #восклицательное предложение #câu cảm thán

구조 여러 부분이나 요소들이 서로 어울려 전체를 이룸. 또는 그 짜임새.
#constitution #Система #cơ cấu

도치 어떠한 뜻을 강조하거나 변화를 주기 위하여 문장 안에서 어순을 뒤바꿈.
#inversion #перестановка #Sự đảo trật tự

수학

제곱근 어떤 수를 두 번 곱하여 얻은 값에 대하여 그 수를 이르는 말.
#square root #квадратный корень #căn bậc hai #동영상

지수 숫자나 문자의 오른쪽 위에 써서 거듭제곱을 한 횟수를 나타내는 문자나 숫자.
#exponent #индекс #số mũ #동영상 #그림

사회

불평등 차별이 있어 평등하지 않음.
#inequality #неравенство #sự bất bình đẳng

자원 광물, 수산물 등과 같이 사람이 생활하거나 경제적인 생산을 하는 데 이용되는 원료.
#resource #Ресурсы #tài nguyên #동영상

편재 한곳에 치우쳐 있음.
#maldistribution #Неравномерное распределение #sự lệch

과학

압력 누르는 힘.
#pressure #давление #áp lực #동영상

혼합물 여러 가지가 뒤섞여 한데 합해진 물질.
#composite #смесь #hỗn hợp #동영상

14과 예습하기

더 배워요(선택)
나에게 맞는 적성과 직업 탐색

학습 도구(선택)
예습하기

꼭 배워요(필수)
적성과 직업 알아보기

예습하기

1 예습의 효과 및 필요성

예습은 앞으로 배울 것을 미리 공부하는 거예요.
예습은 복습과 함께 공부를 효과적으로 하는 방법이에요.
평소에 예습하는 습관을 들이면 좋아요.

② 효과적인 예습 방법

1. 제목 및 목차 보기
- 전체 단원에서 예습하고자 하는 단원이 어디에 있는지 파악해요.
- 대단원과 소단원의 제목을 보고 새로 배울 내용을 예측해 봐요.

2. 본문 읽기
- 본문을 가볍게 읽어 봐요. 이때 내용 전체를 꼼꼼히 읽지 않아도 돼요.
- 모르는 표현이 나오면 표시해 두고 그 의미를 확인해 보는 것도 좋아요.

3. 내용 파악하기
- 본문을 읽으면서 핵심어와 중심 내용을 파악해요.
- 학습 목표, 강조된 글씨, 요약된 부분, 도표, 그림 등을 집중해서 보면 좋아요.

4. 내용 정리하기
- 자신이 이해하기 쉬운 방법으로 내용을 요약해요.
- 글로 요약하는 것뿐만 아니라 도표나 그림으로 정리해 두는 것도 좋아요.

5. 수업 시간에 질문할 내용 표시하기
- 이해가 잘 안 되는 내용은 표시를 해 두거나 질문을 미리 만들어 봐요.
- 문제에 대한 답은 수업 시간을 통해 확인해 봐요.

학습하기 1

예습하기에서 예측하기에 대해 알아봅시다.

예측하기란 지금까지의 상황을 잘 살펴서 이후에 일어날 일이나 이어질 내용을 예상하는 것을 말한다.

선영이는 책을 읽는 것을 좋아해서 매일 책을 읽는다. 오늘 읽을 책 제목은 '고릴라는 핸드폰을 미워해'이다. 선영이는 책의 표지부터 한 장 한 장 넘기며 이 책의 내용을 예측해 보려고 한다.

책의 제목과 표지를 보고 가장 먼저 든 생각이 '어? 이 책 재미있겠다.'였다. 우선 책 제목이 특이하다. 고릴라가 핸드폰을 미워한다고 한다. 그리고 표지에는 고릴라와 핸드폰, 나무, 공장, 꽃, 더워서 땀을 흘리고 있는 사람들이 그려져 있다. 제목과 표지 그림으로 볼 때, 이 책은 핸드폰으로 인하여 고릴라가 안 좋은 영향을 받는다는 내용을 다루고 있는 게 아닐까?

지은이 **박경화**

한국에서 가장 영향력 있는 환경 운동가 중 한 사람이다. 전국 방방곡곡을 순회하며 환경 문제의 심각성을 알리고 있다.

표지를 넘겨 보니 지은이에 대한 정보가 있다. 지은이 이름은 '박경화'이다. 박경화 작가는 한국에서 가장 영향력 있는 환경 운동가라고 한다. 책 제목과 표지 그리고 유명한 환경 운동가인 작가……. 그래, 이 책은 환경 문제를 다루기 위해 핸드폰과 고릴라를 소재로 선택한 것이 틀림없는 것 같다.

어휘와 문법

예측하다   특이하다   심각성
영향력   암시하다   발견하다

책 내용 예측하기는 책을 읽기 전에 읽을 책의 제목, 사진,
기타 정보를 대하면서 그 내용을 추측하는 것을 말한다.

책 내용을 예측하는 방법

■ 책의 표지에는 많은 정보들이 담겨 있다. 제목과 책의 내용이나 분위기를 암시하는 그림 등을
통해 내용을 예측할 수 있다.
■ 책 표지 안쪽 또는 뒷면에는 지은이에 대한 정보가 있다. 지은이의 직업이나 경력 등을 알면
책의 소재나 주제를 어떤 방향으로 다룰 것인지 예측할 수 있다.
■ 책의 차례를 보면 책 내용 구성을 알 수 있고, 이 책의 많은 것을 예측할 수 있다.

차례

❶ 생명에 대한 생각

아프리카 고릴라는 핸드폰을 미워해
산새들의 연애를 방해하지 마세요
북극곰이 더워서 헉헉거린다고?
귀신고래의 아름답고 특별한 항해
살아있는 것들의 눈빛은 아름답다

❷ 이웃에 대한 생각

지구는 늘 목이 마르다
티셔츠에 숨겨진 눈물과 한숨
비닐봉지에 포위된 지구를 사수하라
종이 한 장의 진실 게임
만 원으로 세상 구하기

❸ 자연에 대한 생각

평화를 원한다면 내복을 입으세요
일회용 나무젓가락과 황사
손수건과 사랑에 빠지는 법
스위치를 켜면 무슨 일이 생길까?
쓰레기 더미에서 발견한 보물

❹ 살림살이에 대한 생각

우리들 밥상에 얽힌 문제
도시의 밤은 너무 눈부시다
냉장고를 믿지 마세요
나에게 아직 세탁기가 없는 까닭
내 손으로 만드는 즐거움

다음은 책의 차례를 살펴보았다. 차례는
네 개의 장으로 이루어져 있었다.
각 장의 제목은 생명에 대한 생각, 이웃에
대한 생각, 자연에 대한 생각, 살림살이에
대한 생각이었다. 이 책은 우리가 무심코
사용하는 물건들이 동물들의 생명을 <u>위협
하는 데다가</u> 우리의 이웃과 자연에 영향
을 끼친다는 내용으로 이야기를 할 것 같
았다. 나는 빨리 이 책을 읽고 내가 생각
한 것이 맞는지 확인하고 싶다.

● 의사소통 4권 6과 '-는 데다가'

책의 내용을 예측하면서 읽는 것은 장점이 많이 있어요.
❶ 글에 집중하며 읽을 수 있어요.
❷ 글의 내용을 오래 기억할 수 있어요.
❸ 글의 내용을 깊이 있게 이해할 수 있어요.
❹ 책을 재미있게 읽을 수 있어요.

책을 읽기 전에도 책의 제목, 사진이나 그림, 차례 그리고
지은이 정보를 통해 책의 내용을 미리 예측할 수 있구나.

학습하기 1 다지기

어휘 확인하기

▨ 〈보기〉에서 알맞은 말을 골라 문장을 완성하세요.

> **〈보기〉**
>
> | 발견 | 심각성 | 영향력 | 예측 | 특이 |

(1) 이번 반장 선거는 누가 뽑힐지 (   )하기 어렵다.

(2) 과학 시간에 실험을 하면서 흥미로운 사실을 (   )하였다.

(3) 미술 시간에 환경 오염의 (   )을/를 알리는 포스터를 그렸다.

(4) 대중 매체의 (   )이/가 커지면서 관련 산업이 주목을 받고 있다.

(5) 제주도의 아름답고 (   )한 지형들은 대부분 화산 폭발로 만들어진 것이다.

내용 확인하기

▨ 학습하기 1의 내용과 같으면 O, 다르면 X 하세요.

(1) 선영은 지은이의 이름을 보고 책을 선택했다.　　　　　　　(　　　　)

(2) 선영은 제목과 표지를 보고 재미있겠다고 생각했다.　　　　(　　　　)

(3) 선영은 자신이 예측한 것이 맞는지 확인하고 싶어 했다.　　(　　　　)

(4) 선영은 차례를 보고 동물에 대한 이야기만 나온다고 생각했다.　(　　　　)

기능 확인하기

예측하기를 통해 앞으로 배우거나 읽을 책의 내용을 예상할 수 있습니다. 앞으로 무엇을 공부하게 될지 미리 생각하는 것은 학습에 대해 능동적인 자세를 갖게 하고 동기를 유발하는 데에도 효과적입니다.

다음과 같은 방법으로 책의 내용을 예측할 수 있습니다.
■ 책의 제목과 표지에는 많은 정보가 있습니다. 제목과 표지를 보고 책의 내용을 예측할 수 있습니다.
■ 책 표지 안쪽에는 지은이에 대한 정보가 있습니다. 누가 책을 썼는지 읽어 보면 책의 내용을 예측할 수 있습니다.
■ 차례를 보면 책의 내용 구성을 예측할 수 있습니다.

▨ 다음 중 책의 내용을 예측하는 방법으로 알맞지 <u>않은</u> 것을 고르세요.

① 책의 가격을 활용한다.　　② 차례의 정보를 활용한다.
③ 글쓴이의 정보를 활용한다.　　④ 책의 제목과 표지를 활용한다.

활동하기

▨ 다음 책의 표지를 보고 내용을 예측해 보세요.

학습하기 2

예습하기에서 의문 형성하기에 대해 알아봅시다.

의문 형성하기란 질문을 통해 문제와 의미를 명료화하는 것을 말한다.

와니는 다음 주부터 문화 센터에서 빵 만드는 수업을 듣는다. 첫날에는 도넛을 12개 만든다고 한다. 오랜만에 빵을 만들게 된 와니는 수업을 가기 전에 미리 빵을 한 번 만들어 보기로 했다.

도넛 만들기
준비물
⋮
저울
계량컵

재료
⋮
밀가루 720g

빵을 만들 때 필요한 도구와 재료를 다 준비했으니까 도넛을 만들어 볼까? 어? 밀가루가 왜 이렇게 많이 필요하지? 이건 너무 많지 <u>않나 싶은데</u>…….

의사소통 4권 6과 '-나 싶다'

내가 예전에도 도넛을 만들었을 때 밀가루가 이렇게 많이 필요했나? 초등학교 때 쓴 공책을 찾아봐야겠다.

도넛(5개)

재료
⋮
밀가루 200g

공책에 쓰여 있는 밀가루 양은 200g이네. 이건 도넛 5개를 만들 수 있는 양이구나.

어휘와 문법

의문   형성하다   명료화하다   동일하다   요구하다

 **의문 형성하기**

의문은 관찰한 현상을 현재의 지식으로는 설명할 수 없다고
인식했을 때 생기는 궁금증을 말한다.

의문 형성 단계

① 현상이나 상황에 대해서 꼼꼼하게 관찰을 한다.

② 관찰한 내용을 내가 가지고 있는 지식이나 유사한 경험에 비추어 본다.

③ 경험에 비추어서 납득이 되지 않거나 동의할 수 없는 부분을 정리한다.

④ 동의할 수 없는 부분을 질문의 형식으로 의문을 갖는다.

그럼 도넛 1개를 만들 때 필요한 밀가루의 양은
얼마일까?
밀가루 200g으로 도넛 5개를 만들 수 있으니까
200 ÷ 5 = 40
도넛 1개에 밀가루 40g이 필요하네.

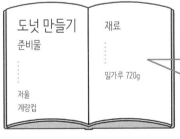

도넛 만들기
준비물
‥‥‥
저울
계량컵

재료
‥‥‥
밀가루 720g

책에는 밀가루 720g으로 12개를 만들 수 있으니까
720 ÷ 12 = 60 도넛 1개를 만들 때 밀가루 60g을 요구하네.
내가 도넛을 만들었을 때 밀가루의 양과 너무 많이 차이가 나.
밀가루 40g으로 도넛을 하나 만들 수 있었는데 책에 적혀 있
는 밀가루의 양은 너무 많아. 이해가 안 되네.

동일한 크기인데도 밀가루의 양이 더 필요한 걸까?
도넛의 크기가 옛날에 만들었던 것보다 큰 걸까?
20g이 더 필요한 이유를 선생님께 직접 여쭤봐야겠어.

예습을 하면서 모르는 내용에 대해 스스로 생각하고 의문을
가지면 수업 내용을 이해하는 데 도움이 되겠다.

학습하기 2 다지기

어휘 확인하기

▨ 〈보기〉에서 알맞은 말을 골라 문장을 완성하세요.

> **〈보기〉**
>
> 동일　　　　명료화　　　　요구　　　　의문　　　　형성

(1) 이번 사회 시험 점수는 지난번 점수와 (　　　　)하다.

(2) 청소년기는 가치관을 (　　　　)하는 중요한 시기이다.

(3) 학생들의 계속된 (　　　　)으로/로 학생 식당 메뉴를 크게 개선했다.

(4) 수학의 개념을 말로 표현해 보면 개념을 (　　　　)하는 데 도움이 된다.

(5) 나는 공부를 하다가 (　　　　)이/가 생기면 친구나 선생님께 물어보곤 한다.

내용 확인하기

▨ 학습하기 2의 내용과 같으면 O, 다르면 X 하세요.

(1) 와니는 도넛 5개를 만들 것이다.　　　　　　　　(　　　)

(2) 와니는 빵을 만드는 방법이 궁금했다.　　　　　　(　　　)

(3) 와니는 첫 수업에서 도넛을 만들 것이다.　　　　(　　　)

(4) 와니는 초등학교 때 도넛을 만든 적이 있다.　　(　　　)

기능 확인하기

의문은 관찰한 현상을 현재의 지식으로는 설명할 수 없다고 인식했을 때 생기는 궁금증을 말합니다. 스스로 의문을 형성함으로써 자율적으로 탐구하게 되고 스스로 정보를 처리하여 새로운 지식을 생성할 수 있는 능력을 지니게 됩니다.

의문 형성은 4단계로 이루어집니다.
① 먼저 현상이나 상황에 대해서 꼼꼼하게 관찰을 합니다.
② 관찰한 내용을 내가 가지고 있는 지식이나 유사한 경험에 비추어 봅니다.
③ 경험에 비추어서 납득이 되지 않거나 동의할 수 없는 부분을 정리합니다.
④ 동의할 수 없는 부분에 대해 질문의 형식으로 의문을 표현합니다.

▨ 다음 중 학습하기 2에서 나타난 의문 형성하기 단계로 알맞은 것을 모두 고르세요.

① 현상 관찰하기   ② 의문 형성하기
③ 경험 분석하기   ④ 경험에 비추어 보기

활동하기

▨ 다음 〈보기〉와 같이 '머피의 법칙'으로 의문을 형성해 보세요.

〈보기 1〉
마트에서 물건을 사고 계산을 하기 위해 가장 사람이 적은 계산대를 찾아 줄을 섰다. 그런데 긴 줄 뒤에 서 있던 사람이 나보다 먼저 계산을 하고 마트를 나가고 있다. 왜 내가 줄을 선 곳은 항상 느린 걸까?

〈보기 2〉
오늘 친구와 같이 영화를 보기로 했다. 약속 시간에 늦으면 안 되기 때문에 택시를 타기로 했다. 그런데 아무리 기다려도 택시가 한 대도 오지 않았다. 왜 그 많던 택시가 오늘은 한 대도 지나가지 않는 걸까?

지식 더하기

국어

관형사 체언 앞에 쓰여 그 체언의 내용을 꾸며 주는 기능을 하는 말.
#determiner #атрибутивное слово #định từ #그림

담화 문장들이 모여 이루는 말의 단위.
#story #дискурс #diễn ngôn

서사적 사실을 있는 그대로 적는 성질을 띤 것.
#being descriptive #описательный #tính tả thực

수학

무리수 실수이면서 분수로는 나타낼 수 없는 수.
#irrational number #иррациональное число #số vô tỷ #동영상

분포 일정한 범위에 나뉘어 흩어져 있음.
#distribution #расположение #sự phân bố

사회

도시화 도시의 문화가 전해져서 도시가 아닌 곳이 도시처럼 됨. 또는 그렇게 만듦.
#urbanization #урбанизация #sự đô thị hóa #동영상

신문물 이전에는 없었던 새로운 문화의 산물.
#new culture #культурные новшества #nét văn hóa mới

임업 산림을 유지 · 조성하고 이를 경제적으로 이용하는 사업.
#forestry #лесная промышленность #lâm nghiệp

과학

온실 효과 공기 중의 수증기, 이산화 탄소 등이 지구 밖으로 나가는 열을 흡수하여
지구의 온도를 높게 유지하는 작용.
#greenhouse effect #парниковый эффект #hiệu ứng nhà kính #동영상

유전자 생물체의 세포를 구성하고 유지하는 데 필요한 정보가 담겨 있으며 생식을
통해 자손에게 전해지는 요소.
#gene #гены #gen #동영상

15과 체험하기

더 배워요(선택)
다양한 봉사 활동

학습 도구(선택)
체험하기

꼭 배워요(필수)
**봉사 활동
정보 구하기**

학습 목표

체험의 유형에 대해서 안다.

묘사하는 글을 쓰는 방법에 대해 안다.

위치를 기술하는 방법에 대해 안다.

주제 확인하기

학습하기 1 묘사하기(수화)

학습하기 2 기술하기(좌표와 그래프)

체험하기

체험의 유형

학교에서는 교육과정과 연계한 체험 중심의 다양한 단체 활동을 해요.

수학여행은 다양한 사회, 자연, 문화 등을 직접 체험을 하여 견문을 넓히는 단체 숙박형 여행이에요.

수련 활동은 청소년 시기에 필요한 공동체 의식, 협동심을 함양하는 단체 활동이에요.

1일형 현장 체험 활동은 관광, 관람, 견학, 강의 등의 활동이에요.

수학여행

수련 활동

1일형 현장 체험 활동

체험은 직접 보고 듣고 해 보는 것을 말해요. 체험을 통해 학습에 대한 흥미를 높일 수 있을 뿐만 아니라 자신의 적성도 찾을 수 있어요.

학생 스스로 봉사 활동이나 체험학습을 신청하여 체험할 수 있어요.

학생 봉사 활동은 타인 및 지역 사회를 위하여 대가 없이 실시함으로써 건강한 인성을 형성해 가는 청소년 수련 활동이에요.

봉사 활동 신청 절차

봉사 활동 신청하기 (인터넷) 봉사 활동 신청 확인, 취소하기 봉사 활동 계획서 학교 제출하기

 봉사 활동 확인서 발급 봉사 활동 실행

개인 체험학습은 관찰, 조사, 수집 답사, 문화 체험, 직업 체험 등의 직접적인 경험, 활동, 실천이 중심이 되어 교육적인 효과를 나타내는 폭넓은 학습을 의미해요.

개인 체험학습 신청 절차

사전 승인		실시		사후 확인		결과 처리
체험학습 신청서 제출 및 학교장 허가	→	체험학습 실시	→	체험학습 보고서 제출 및 확인	→	출석 인정

다양한 활동을 체험한 후에 체험학습 보고서를 쓸 수 있어요. 체험학습 보고서를 쓸 때는 활동 내용을 잘 묘사하고 있는 그대로 기술하여 작성해야 해요.

학습하기 1

■ 체험하기에서 묘사하기에 대해 알아봅시다.

> 묘사하기란 대상의 모양이나 모습을 본 그대로 그림을 그리듯이 표현하는 것을 말한다.

> 지난주에 체험학습을 하러 가서 수화를 배웠다. 체험학습 활동을 하면서 <u>배웠던</u> 몇 가지의 수화 표현을 써 보려고 한다.

의사소통 4권 7과 '-었던'

수화란?

수화는 들을 수 없거나 말할 수 없는 사람들이 의사소통을 할 때 사용하는 방법 중 하나이다. 동작이 불분명할 경우 본래 전달하고자 한 의미와 다르게 해석될 우려가 있다. 그러므로 수화를 할 때는 최대한 동작을 분명하게 나타내도록 노력해야 한다.

수화 안녕하세요?

❶ 왼손의 손등을 위로 향하게 하고 가볍게 주먹을 쥔 후 왼팔을 앞으로 쭉 뻗는다.
❷ 오른손은 몸 안쪽에서 몸 바깥쪽으로 왼팔을 쓸어내리며 왼손 주먹까지 내려온다.
❸ 이 동작이 끝난 후 양손을 가슴 높이까지 들어 수평을 맞춘다.
❹ 양손은 달걀을 잡은 것처럼 가볍게 주먹을 쥔다.
❺ 이때 주먹을 쥔 양손의 손등이 위를 향하게 한다.
❻ 그다음에 양팔을 겨드랑이에 붙이고 팔꿈치를 접는다.
❼ 그 상태로 양팔을 아래위로 두세 번 내렸다 올린다.
❽ 양팔을 내렸다 올릴 때 고개를 함께 숙이기도 한다.

묘사하기

자신이 체험한 것을 글로 표현할 때 있는 사실 그대로 묘사하거나 자신의 느낌대로 묘사할 수 있다. 묘사를 할 때는 다음과 같은 방법으로 표현한다.

■ 일정한 순서에 따라 표현한다.(위→아래, 왼쪽→오른쪽, 전체→부분, 부분→전체, 중심→주변, 시간 순서 등)
■ 잘 알려진 사물에 비유하여 표현한다.
■ 인상적이거나 중요한 것을 중심으로 한다.

수화 **감사합니다**

❶ 왼손을 펴서 손바닥이 바닥을 향하도록 하고 팔꿈치를 접어 가슴 높이에 위치하게 한다.
❷ 가슴 부근에서 손끝이 오른쪽을 향하게 하여 든다.
❸ 오른손을 펴서 손날이 바닥을 향하도록 세운 후 왼 손등 위에 가볍게 올려놓는다.
❹ 위에서 봤을 때 왼 손등과 오른 손날이 닿은 모습이 십자가 모양처럼 보이면 제대로 자세를 취한 것이다.
❺ 그다음에 오른 손날로 왼 손등을 두세 번 가볍게 내리친다.
❻ 이때 고개를 함께 숙이기도 한다.

수화 **사랑합니다**

❶ 왼손은 '가위바위보'를 할 때 '바위'를 내는 것처럼 가볍게 주먹을 쥐고 주먹을 세워서 가슴 높이에 둔다.
❷ 이때 왼팔은 자연스럽게 팔꿈치를 접으면 된다.
❸ 오른손은 손등이 위를 향하게 편 다음 주먹을 쥐고 있는 왼손의 위쪽에 위치하게 한다.
❹ 그다음에 왼손은 가만히 두고 오른손을 시계 방향으로 원을 그리 듯이 두세 바퀴 돌린다.

읽고 그대로 따라 할 수 있는지 친구들한테 한번 해 보라고 해야겠다.

학습하기 1 다지기

어휘 확인하기

■ 〈보기〉에서 알맞은 말을 골라 문장을 완성하세요.

> 〈보기〉
>
> 우려　　　　　의사소통　　　　　일정　　　　　최대한　　　　　해석

(1) 주어진 기회를 (　　　　　)으로/로 이용하다.

(2) 이 약은 부작용이 (　　　　)돼 판매가 중지되었다.

(3) 우리 집은 식사 시간이 (　　　　)하게 정해져 있다.

(4) 이 영어 문장은 어려운 단어가 많아서 (　　　　)을/를 할 수 없다.

(5) 언어가 같지 않아도 손짓과 몸짓으로 어느 정도 (　　　　)이/가 가능하다.

내용 확인하기

■ 학습하기 1의 내용과 같은 것을 고르세요.

① 수화로 감사하다는 말을 할 때는 고개를 숙이면 안 된다.

② 수화에서 양팔을 내렸다 올리는 동작은 사랑한다는 뜻이다.

③ 수화 '감사합니다'의 경우 양손이 겹친 모습이 십자가처럼 보인다.

④ 사랑한다는 말을 수화로 할 때는 오른손을 시계 반대 방향으로 돌리면 된다.

기능 확인하기

묘사는 대상의 모습이나 어떤 장면을 구체적으로 설명하는 방법을 말합니다. 글을 읽는 사람이 정확하고 생생하게 대상을 떠올릴 수 있도록 설명하고 싶을 때는 묘사를 합니다. 묘사를 할 때는 다음과 같은 방법으로 표현합니다.

■ 일정한 순서에 따라 표현합니다.(위→아래, 왼쪽→오른쪽, 전체→부분, 부분→전체, 중심 →주변, 시간 순서 등)
■ 잘 알려진 사물에 비유하여 표현합니다.
■ 인상적이거나 중요한 것을 중심으로 표현합니다.

▨ 다음의 글을 읽고 묘사하기로 맞으면 O, 틀리면 X 하세요.

(1) 연필은 끝이 뾰족하고 길이가 길며 단단하다.　　　　　　　　　　(　　　)

(2) 휴대 전화는 편리해서 사람들이 많이 사용한다.　　　　　　　　　(　　　)

(3) 버스를 타면 학교에서부터 집까지 30분이 걸린다.　　　　　　　　(　　　)

(4) 수박은 동그랗고 색은 녹색이며 검은색 줄무늬가 있다.　　　　　　(　　　)

(5) 기차는 길이가 길고 자동차보다 빠르며 많은 사람들이 탈 수 있다.　(　　　)

활동하기

▨ 다음 사람의 모습을 묘사해 보세요.

_____

_____

_____

_____

_____

학습하기 2

체험하기에서 기술하기에 대해 알아봅시다.

기술하기란 대상이나 과정의 내용과 특징을 조직적으로 밝혀 기록하는 것을 말한다.

정호와 친구들이 내일 봉사 활동을 간다. 그런데 친구들이 봉사 활동 장소의 위치를 정확히 알지 못하고 해서 정호가 지도를 보고 봉사 활동 장소를 알려 주려고 한다.

⸱⸱⸱⸱⸱⸱⸱⸱⸱● 의사소통 4권 7과 '-고 해서'

상대방이 모르고 있는 장소를 기준으로 말하면 위치를 파악할 수 없다. 따라서 상대방도 알고 있는 장소를 기준으로 설명을 하는 것이 좋다.

우리 학교가 어디에 있지? 우리 학교 뒤에는 산이 있고, 학교 옆에는 논과 밭이 있는데. 아, 여기구나.

고정된 장소가 아니라 위치나 상태가 변할 수 있는 것을 기준으로 말하면 안 된다. 그러므로 변하지 않는 장소나 건물 등을 선택해야 한다.

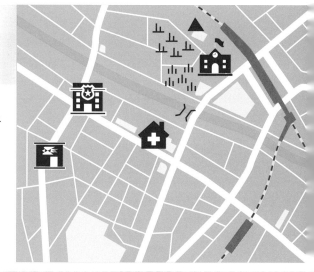

학교 ▶ 다리 ▶ 한국병원 ▶ 대한경찰서 ▶ 대한우체국

한국병원에서 대한경찰서까지의 거리는 얼마나 될까?

장소나 물체의 위치는 한 장소를 기준점으로 정한 다음에 그 기준점으로부터 사물이 있는 방향과 거리로 나타내는 것이 바람직하다.

이 지도의 축척은 1:20,000이다. 축척이 1:20,000이라는 것은 지도에서 1cm가 실제로는 20,000cm라는 뜻이다. 1m는 100cm니까 실제 거리 20,000cm를 미터로 바꾸면 200m가 된다. 지도에서 1cm가 실제로는 200m가 된다. 한국병원부터 대한경찰서까지 3cm니까 실제 거리는 600m이다.

기술하기

그럼 이제 친구들에게 메시지를 보내 볼까?

- 기술하기는 어떤 대상이나 과정의 특징을 명확하게 파악하여 내용이나 순서, 차례 등을 사실대로 기재하는 것을 말한다.

- 어떤 사실이나 과정의 내용과 특징을 조직적으로 기록하는 것은 경험을 보다 객관적이고 타당한 설명으로 만들어 준다.

- 기술은 일상의 언어를 사용하기도 하고 분야에 따라서는 일정한 기호나 도표를 사용하기도 한다. 현상을 사실적으로 기록함으로써 읽는 사람으로 하여금 해당 사실을 과학적인 것으로 인식하게 해 준다.

단체 대화

얘들아, 내일 봉사 활동하러 가야 하는 대한우체국이 어디에 있는지 알려 줄게.
우선 우리 학교 정문을 나가서 오른쪽 방향으로 쭉 가면 다리가 나올 거야. 다리를 건너면 한국병원이 보이는데 한국병원을 끼고 오른쪽으로 돌아야 해.
한국병원에서 600m쯤 직진하면 경찰서가 있어.
경찰서 앞에서 왼쪽으로 200m 가면 우체국이 나와. 그 우체국이 바로 우리가 봉사 활동할 장소야.
지도도 같이 보낼게.
내일 오전 10시에 우체국 앞에서 만나자.

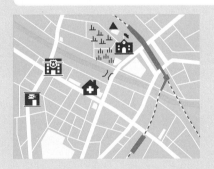

응. 고마워. 내일 만나.

장소나 물체의 위치를 정확하게 기술하기 위해서는 세 가지 요소인 기준점, 방향, 거리가 명시되어야 한다. 또한 공원이나 경기장처럼 범위가 너무 넓은 곳은 기준점으로 정하지 않는 것이 좋다.
장소나 물체의 위치는 기준점으로부터의 방향과 거리로 나타내므로 기준점이 달라지면 방향과 거리가 달라지기 마련이다. 위치를 나타내는 세 가지 요소 중 어느 하나라도 빠지면 정확하게 기술되었다고 보기 힘들다.

기준점과 방향 거리를 정확하게 기술하니까 길을 찾기가 쉽네.

학습하기 2 다지기

▧ 〈보기〉에서 알맞은 말을 골라 문장을 완성하세요.

〈보기〉

| 객관적 | 고정 | 기술 | 명시 | 분야 |

(1) 이 안내서에는 입장료가 (   )되어 있지 않다.

(2) 이 책은 조선시대의 역사를 (   )해 놓은 책이다.

(3) 시력 검사를 할 때는 시선을 한곳에 (   )해야 한다.

(4) 그 사람처럼 여러 (   )에서 다재다능한 사람도 드물다.

(5) 이 책은 역사를 주관적으로 보지 않고 (   )인 시각으로 바라보고 있다.

▧ 학습하기 2의 내용과 같은 것을 고르세요.

① 대한우체국은 학교 근처에 있다.

② 대한경찰서에서 봉사 활동을 한다.

③ 대한우체국은 한국병원에서 서쪽으로 600m를 가면 있다.

④ 대한경찰서 앞에서 왼쪽으로 200m쯤 가면 대한우체국이 나온다.

기능 확인하기

기술하기는 어떤 대상이나 과정의 특징을 명확하게 파악하여 내용이나 순서, 차례 등을 사실대로 기재하는 것을 말합니다.
어떤 사실이나 과정의 내용과 특징을 조직적으로 기록하는 것은 경험을 보다 객관적이고 타당한 설명으로 만들어 줍니다. 기술은 일상의 언어를 사용하기도 하고 분야에 따라서는 일정한 기호나 도표를 사용하기도 합니다. 현상을 사실적으로 기록함으로써 읽는 사람으로 하여금 해당 사실을 과학적인 것으로 인식하게 해 줍니다.

▨ 다음 중 장소나 물체의 위치를 기술할 때 포함되어야 하는 요소로 알맞은 것을 고르세요.

① 기준점, 거리, 크기   ② 거리, 방향, 시간

③ 기준점, 거리, 방향   ④ 거리, 방향, 크기

활동하기

▨ 다음 글을 읽고 재능 기부의 장점을 기술해 보세요.

봉사 활동은 사회 또는 공공의 이익을 위한 일을 자기 의지로 행하는 것을 말한다. 이러한 봉사 활동 중 하나가 재능 기부이다. 이는 단체나 기업, 개인이 가지고 있는 재능을 사회에 기여하는 새로운 형태의 기부를 일컫는다. 재능 기부는 여러 가지 장단점을 가지고 있다. 먼저 재능 기부의 장점에는

_____

_____

_____

지식 더하기

국어

상징 추상적인 사물이나 개념을 구체적인 사물로 나타냄. 또는 그렇게 나타낸 구체적인 사물.
#symbol #символ #sự tượng trưng

상형 어떤 물건의 모양이나 상태를 본뜸.
#imitation #напоминание #sự tạo hình

열거 여러 가지 예나 사실 등을 하나하나 죽 늘어놓음.
#enumeration #перечисление #sự liệt kê

수학

부피 물체가 차지하는 공간의 크기.
#volume #объём #thể tích #동영상

입체 도형 각 기둥이나 각뿔, 구 등과 같이 삼차원의 공간에서 부피를 가지는 도형.
#solid figure #объёмная фигура #hình lập thể

사회

국토 한 나라의 주권이 미치는 땅.
#national territory #территория государства #lãnh thổ

다국적 여러 나라가 참여하거나 여러 나라의 것이 함께 섞여 있음. 또는 그런 것.
#multinational #многонациональность #mang tính đa quốc gia

입지 개인이나 단체 등이 한 분야에서 차지하고 있는 기반이나 지위.
#position #положение #chỗ đứng

과학

위도 지구 위의 위치를 가로로 나타내는 것.
#latitude #широта #vĩ độ #동영상

탐사 알려지지 않은 사물이나 사실을 빠짐없이 조사함.
#investigation #поиск #sự thám hiểm

16과 학습 반응하기

더 배워요(선택)
진학과 취업

학습 도구(선택)
학습 반응하기

꼭 배워요(필수)
진로 알아보기

학습 목표
학습 반응하기의 의미와 양상에 대해 안다.

판단을 위한 준거를 설정할 수 있다.

어떤 대상에 대한 가치를 판단할 수 있다.

주제 확인하기
학습하기 1 준거 설정하기(진로의 디자인과 준비)

학습하기 2 가치 판단하기(생활 속 수학)

학습 반응하기

1 학습 반응하기란

학습 반응하기란 학습 상황에서 이해한 것에 대해 적절히 반응하는 것을 말합니다. 이는 이해에 대한 확인의 과정으로 반응에 따라 학습이 제대로 이루어지고 있는지를 확인할 수 있습니다. 단순히 고개를 끄덕이는 것부터 나아가 감상이나 평가 등을 말하는 것으로 자신의 이해를 상대방에게 확인시킬 수 있습니다.

2 학습 반응하기의 유형

자신이 이해했음을 상대방에게 알리기 위해 단순히 고개를 끄덕이거나 호응하는 것 역시 학습 반응하기가 될 수 있습니다. 나아가 어떤 것에 대해 '좋다, 나쁘다'를 따지는 것부터 어떤 사물이나 사람에 대해 의견을 말하거나 그것의 가치를 평가하는 것 모두 학습 반응하기의 다양한 유형입니다.

단순 반응 신호 보내기

고개를 끄덕이거나 '아', '음' 등 간단한 대답을 하며 어떤 사실에 대해 잘 이해하고 있음을 나타낼 수 있습니다. 반대로 이마를 찡그리거나 고개를 갸우뚱 기울이며 제대로 이해하지 못하고 있음을 나타낼 수도 있습니다. 이러한 반응을 통해 말하는 사람은 정보 전달을 마무리할지 추가할지를 정할 수 있습니다.

수업 시간에 또는 친구들과 함께 공부를 할 때 학습한 내용에 대해 적절히 반응하는 것이 필요해요. 여러분의 반응에 따라 무슨 정보를 더 줄지, 어떤 말을 이어갈지 선생님과 친구들이 판단하고 결정할 수 있기 때문이에요.

감상 표현하기

어떤 대상을 보고 인식하는 과정 중에 드는 자신의 생각이나 느낌을 자유롭게 말하는 것을 말해요. 일반적으로 음악이나 영화, 문학 작품과 같은 예술 작품에 대해 이야기할 때 자주 나타나는 반응하기의 유형입니다.

평론하기

어떤 사실이나 현상, 누군가의 행동이나 생각에 대해 옳고 그름을 이야기하고 더 나아가 그러한 것들의 가치를 따져 보는 것을 평론이라고 합니다. 좋은 평론은 상대방의 부족함을 지적해 주고 그 결과 평론을 받아들이는 사람으로 하여금 더욱 좋은 결과물을 만들게 합니다. 문학 작품에 대해 이루어지는 평론을 비평이라고도 합니다.

학습하기 1

학습 반응하기에서 준거 설정하기에 대해 알아봅시다.

준거 설정하기란 사물 또는 일의 정도나 성격 등을 알기 위한 근거나 기준을 정하는 것을 말한다.

안나는 진로 교육 시간에 '행복을 부르는 일과 직업'에 대해서 배웠다. 사람들은 직업을 선택할 때 다양한 준거를 고려하고 자신이 선택한 준거에 맞는 직업을 정했을 때 높은 직업 만족도를 보인다고 한다. 그래서 안나는 사람들이 직업을 선택할 때 무엇을 준거로 설정하는지 알아보고자 한다.

사람들이 직업을 선택할 때 무엇을 준거로 선택할까?
사람들이 고려하는 직업 선택 준거와 그 내용을 찾아봐야겠어.

보수	연봉이 높은 데다가 월급 외에 많은 혜택을 제공해 준다.
흥미	좋아하거나 관심 있는 일을 즐기면서 할 수 있으며 높은 성취를 이룰 수 있다.
안정성	직장 내 경쟁이 적으며 정년까지 일할 수 있다.
자율성	근무 시간이나 일하는 방식이 자유롭거나 혼자 독립적으로 일한다.
자기 계발	새로운 것을 배울 수 있는 기회가 많다.
능력 발휘	직장에서 자신의 능력을 충분히 보여 줄 수 있다.
사회적 인정	남으로부터 인정을 받거나 명예로운 일을 한다.

사람들은 직업을 선택할 때 다양한 준거에 의해 직업을 선택하는구나. 이 중에서 내가 중요하다고 생각하는 준거 몇 가지를 뽑아 봐야겠어.

위의 여러 가지 준거들 모두 직업을 선택할 때 고려해 봐야 할 기준들이지만, 내 생각에는 보수와 흥미, 안정성과 능력 발휘가 중요한 것 같아. 이 준거들을 다시 중요도 순으로 나열해 보자.

내가 정한 직업 선택의 준거	준거 1	준거 2	준거 3	준거 4
	흥미	능력 발휘	보수	안정성

준거 설정하기

나는 직업을 선택할 때 '흥미'를 가장 중요하게 생각해. 그런데 내가 어떤 것에 흥미가 있는지 잘 모르겠더라고. 그래서 인터넷에서 직업 흥미 검사를 해 봤는데 그 결과 나는 여러 흥미 유형 중에서 사회형이라고 하네.

〈준거 설정하는 방법〉

- 준거를 설정하는 목적과 이유가 무엇인지를 먼저 생각한다.
- 준거는 미리 설정한 목표를 근거로 한 절대적 준거와 다른 대상과의 비교에 기초한 상대적 준거로 구분할 수 있다.
- 준거들 사이에는 핵심적인 것과 부차적인 것이 있을 수 있다. 이때는 준거의 중요도나 선후 관계를 확인한다.

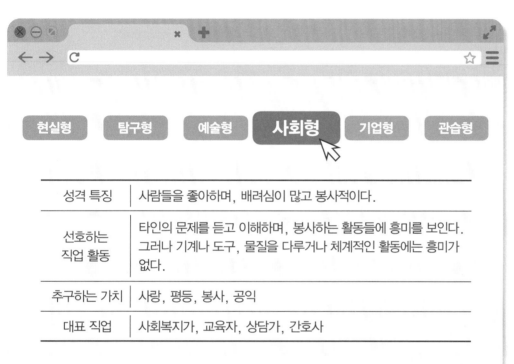

| 현실형 | 탐구형 | 예술형 | **사회형** | 기업형 | 관습형 |

성격 특징	사람들을 좋아하며, 배려심이 많고 봉사적이다.
선호하는 직업 활동	타인의 문제를 듣고 이해하며, 봉사하는 활동들에 흥미를 보인다. 그러나 기계나 도구, 물질을 다루거나 체계적인 활동에는 흥미가 없다.
추구하는 가치	사랑, 평등, 봉사, 공익
대표 직업	사회복지가, 교육자, 상담가, 간호사

맞아. 나는 친구들에게 배려심이 많다는 말을 많이 들었어.

· 의사소통 4권 8과 '-곤 하다'

나는 친구들의 문제를 자주 <u>들어 주곤 해.</u>

그러고 보니 나는 봉사 활동을 할 때 보람을 많이 느꼈어.

나는 이 직업 중에서 상담가가 제일 마음에 들어. 그래, 앞으로 상담가가 될 수 있도록 노력해야겠다.

학습하기 1 다지기

어휘 확인하기

■ 〈보기〉에서 알맞은 말을 골라 문장을 완성하세요.

> **〈보기〉**
>
> 나열   만족도   사회적   상대적   선호

(1) 역사적 사실들을 시간 순서에 따라 하나하나 (   )해 보았다.

(2) 안나는 친구와 같이 공부하는 것보다 혼자 공부하는 것을 (   )한다.

(3) 백화점 물건값이 대형 마트 물건값에 비해 (   )으로/로 비싼 편이다.

(4) 인간은 혼자 사는 존재가 아닌 다른 사람과 함께 사는 (   )인 동물이다.

(5) 학교 축구 동아리는 전문 강사가 학생들을 지도해 학생들의 (   )이/가 높다.

내용 확인하기

■ 학습하기 1의 내용과 같은 것을 고르세요.

① 안나는 간호사가 되고 싶어 한다.

② 안나의 흥미 유형은 예술형에 속한다.

③ 안나는 친구들의 문제를 자주 들어 준다.

④ 안나는 직업의 안정성을 가장 중요하게 생각한다.

기능 확인하기

〈준거 설정하는 방법〉
■ 준거를 설정하는 목적과 이유가 무엇인지를 먼저 생각합니다.
■ 준거는 미리 설정한 목표를 근거로 한 절대적 준거와 다른 대상과의 비교에 기초한 상대적 준거로 구분할 수 있습니다.
■ 준거들 사이에는 핵심적인 것과 부차적인 것이 있을 수 있습니다. 이때는 준거의 중요도나 선후 관계를 확인해야 합니다.

▨ 다음 중 학습하기 1에서 준거를 설정할 때 고려한 것으로 알맞은 것을 고르세요.

① 목적 　　② 이유 　　③ 중요도 　　④ 선후 관계

활동하기

▨ 다음 질문에 답을 써 보세요.

(1) 관심 있는 직업을 써 보세요.

----

(2) 직업 선택의 준거들입니다. 이 중에서 자신이 중요하게 생각하는 준거 세 가지를 선택해 보세요.

직업 선택의 준거 능력 발휘, 보수, 사회적 인정, 자기 계발, 자율성, 안정성, 흥미

내가 정한 직업 선택의 준거	준거 1	준거 2	준거 3

(3) 위에서 선택한 직업이 준거에 얼마나 적합한지 확인해 보세요.

학습하기 2

가치 판단하기란 기준에 따라 어떤 대상이나 일에 대해 '좋다, 나쁘다, 옳다, 그르다' 등과 같이 생각을 정하는 것을 말한다.

영수는 오늘 수학 시간에 수학이 일상생활에서 다양하게 활용되고 있다는 이야기를 듣고 수학이란 학문이 우리 삶과 얼마나 밀접한지를 더 알아보기 위해 '생활 속 수학 이야기'라는 글을 읽었다. 이 글을 읽고 영수는 수학이 가진 가치에 대해 생각해 보았다.

수학이 우리 생활에서 얼마나 다양하게 활용되고 있는지 알아볼까?

생활 속 수학 이야기

수학이라고 하면 어렵고 특별한 몇몇 사람들만의 학문이라고 생각하기 쉽다. 그러나 사실 우리가 알지 못하는 것일 뿐 생활의 많은 부분에서 수학 원리들이 활용되고 있다. 지금부터 생활 속 수학 이야기를 찾아보자.

분수와 관련된 이야기

아라비아의 한 상인이 세상을 떠나기 전 삼 형제에게 유언을 남겼다. 유언은 다음과 같았다. "유산으로 낙타 17마리를 남기니 첫째는 유산의 $\frac{1}{2}$, 둘째는 $\frac{1}{3}$, 셋째는 $\frac{1}{9}$ 을 나눠 갖도록 해라." 삼 형제는 아버지의 유언에 따라 유산을 분배했다.

첫째 아들의 몫은 $17 \times \frac{1}{2} = 8.5$마리고,

둘째 아들의 몫은 $17 \times \frac{1}{3} = 5.666\cdots$ 마리며,

셋째 아들의 몫은 $17 \times \frac{1}{9} = 1.888\cdots$ 마리가 된다.

알다시피 낙타를 반으로 쪼갤 수는 없는 일이기 때문에 형제들은 자신이 더 갖겠다며 다투기 시작했다. 이때 낙타를 타고 지나가던 노인이 자신의 낙타를 줄 테니 18마리의 낙타로 아버지의 유언에 따라 나누어 보라고 했다. 형제들은 18마리의 낙타를 다시 나누어 보았다. 첫째는 9마리, 둘째는 6마리, 셋째는 2마리의 낙타를 가지게 되었다. 그런데 나누고 보니 낙타 한 마리가 남아 있었다. 노인은 이 낙타를 타고 다시 길을 떠났다.

● 의사소통 4권 8과 '-다시피'

'분수'란 개념이 실생활에서 매우 유용하게 쓰이고 있네. 이렇게 우리 일상생활에서도 수학의 원리가 적용되고 있구나.

〈가치를 판단하는 방법〉

■ 좋고 나쁨, 옳고 그름, 아름답고 추함 등의 가치 판단은 합리적 근거를 바탕으로 해야 한다.
■ 사실적 근거(자료, 지표)와 규범적 근거(준거, 기준)를 활용한다.
■ 시점에 따라 가치가 달라질 수 있음을 고려한다.
■ 일정한 기준이나 원칙 없이 가치를 판단하지 않도록 주의한다.

가위바위보 속에도 **확률**이라는 수학 원리가 숨겨져 있다. 내가 가위를 내면 이길 확률 ⅓, 비길 확률 ⅓, 질 확률 ⅓ 이다.
보온병의 모양에도 수학 원리가 적용된다. 보온병이나 음료수병과 같이 액체를 담는 용기들은 대부분 **원기둥**이다.
그 이유는 재료비와 관련되어 있다. 면적이 같은 정다각형을 살펴보면 정삼각형, 정사각형보다 원의 둘레의 길이가 가장 짧다. 그러므로 원기둥 모양의 용기를 만들 때 재료비가 가장 절감된다.
이 외에도 현대 사회에 없어서는 안 될 컴퓨터에도 수학의 **이진법**의 원리가 적용되어 있으며, 요리를 할 때는 1:3, 1:6 등과 같이 수학의 **비율**에 따라 들어가는 재료의 양을 정하기도 한다.

수학은 멀리 있지 않다. 이렇게 우리의 일상 속에는 다양한 수학 원리나 사실들이 존재한다. 생활 속 수학 이야기를 찾아 탐구하다 보면 수학은 언제나 우리 생활 가까운 곳에 있다는 것을 확인할 수 있을 것이다.

> 이렇게 생활 속에 있는 수학 원리를 읽다 보니 수학이 우리 삶과 멀리 있지 않다는 얘기가 무슨 뜻인지 이해가 돼. 수학은 어려운 학문이라 수학을 전공할 사람들만 배우면 된다고 생각했는데 그게 아니었구나.
> 수학은 실용성을 전제한 학문이었어. 이렇게 우리 생활에서 수학이 사용된 예를 찾아보니까 수학자라는 직업에 대해서도 관심이 가네. 수학자는 어떤 일을 하는지 찾아봐야겠어.

학습하기 2 다지기

어휘 확인하기

■ 〈보기〉에서 알맞은 말을 골라 문장을 완성하세요.

> **〈보기〉**
>
> 밀접   유용   실용성   적용   확률

(1) 주거 문화는 날씨와 (   )한 관계가 있다.

(2) 학교에서 새로 만든 교칙은 모든 학생에게 (   )된다.

(3) 우리 학교 교복은 디자인은 예쁘지만 (   )이/가 떨어진다.

(4) 일기예보에서 오늘 비가 올 (   )이/가 칠십 퍼센트 이상이라고 한다.

(5) 현대에는 노트북, 스마트폰 등이 교육에 (   )한 수업 도구로 자리 잡고 있다.

내용 확인하기

■ 학습하기 2의 내용과 같은 것을 고르세요.

① 요리는 수학과 관련이 없다.

② 수학은 우리 삶과 가깝지 않다.

③ 수학은 특별한 사람들을 위한 것이다.

④ 컴퓨터에는 수학의 원리가 적용되어 있다.

기능 확인하기

〈가치를 판단하는 방법〉

- ■좋고 나쁨, 옳고 그름, 아름답고 추함 등의 가치 판단은 합리적 근거를 바탕으로 해야 합니다.
- ■사실적 근거(자료, 지표)와 규범적 근거(준거, 기준)를 활용합니다.
- ■시점에 따라 가치가 달라질 수 있음을 고려합니다.
- ■일정한 기준이나 원칙 없이 가치를 판단하지 않도록 주의합니다.

▨ 다음 중 가치 판단하기에 대한 설명으로 알맞지 <u>않은</u> 것을 고르세요.

① 가치를 판단할 때는 다양한 근거를 활용한다.

② 가치 판단은 합리적인 근거를 바탕으로 해야 한다.

③ 가치를 판단할 때는 기준이나 원칙을 통해 판단해야 한다.

④ 가치 판단을 통해서 아름다움과 추함을 판단하는 것은 불가능하다.

활동하기

▨ 세종대왕에 대한 짧은 글을 읽고 본받을 만한 점에 대해 이야기해 보세요.

세종대왕은 위대한 지도력을 가진 사람으로 평가받고 있다. 그는 평소 신하들과 생각을 주고받을 수 있도록 토론을 즐겼다. 또한 신하들을 믿고 그들이 역량을 발휘할 수 있도록 발판을 마련해 주었으며, 신분에 관계없이 능력에 따라 관직을 내려 주었다. 이를 통해 신하들은 저마다 자신만의 능력을 뽐낼 수 있었다.

세종대왕이 가장 중요하게 생각한 것은 백성이었다. 그의 가장 위대한 업적인 한글이 바로 백성을 사랑하는 마음에서 탄생된 것이다.

지식 더하기

국어

가치관 사람이 어떤 것의 가치에 대하여 가지는 태도나 판단의 기준.
#values #взгляды #giá trị quan

자아 세상에 대한 인식이나 행동의 주체가 되는 자기.
#ego #эго #bản ngã

합성어 둘 이상의 실질 형태소가 붙어서 만들어진 단어.
#compound word #сложное слово #Từ ghép

수학

최대 공약수 둘 이상의 수의 공통되는 약수 중에서 가장 큰 수.
#the greatest common divisor #наибольший общий делитель
#ước số chung lớn nhất #동영상

최소 공배수 둘 이상의 수의 공통되는 배수 중에서 가장 작은 수.
#the least common multiple #наименьшее общее кратное
#bội số chung nhỏ nhất

사회

경쟁력 경쟁할 만한 힘이나 능력.
#competitiveness #конкурентоспособность #sức cạnh tranh

고용 돈을 주고 사람에게 일을 시킴.
#employment #наём #việc thuê lao động

기업화 생산, 판매, 서비스 등의 사업을 조직적으로 경영하기 위하여 기업과
같은 체계를 갖추게 됨. 또는 그렇게 만듦.
#forming a corporation #индустриализация #việc doanh nghiệp hóa

과학

신경계 뇌와 신경을 구성하는 계통의 기관.
#nervous system #нервная система #hệ thần kinh

조건 반사 학습에 의해 후천적으로 나타나는 반응.
#conditioned reflex #условный рефлекс #phản xạ có điều kiện #동영상

정답

📖 1과 계획서 작성하기

〈학습하기 1〉
[어휘 확인하기]
(1) 설정
(2) 가치
(3) 고려
(4) 달성
(5) 구체적

[내용 확인하기]
④

[기능 확인하기]
④

[활동하기]
예)

주제	학교생활
목적	상을 받기 위해 시와 그림을 만든다.
목표	1. 다른 사람들과 다른 특별한 학교생활에 대한 시를 쓴다. 2. 시에 어울리는 그림을 그린다.

〈학습하기 2〉
[어휘 확인하기]
(1) 기준
(2) 관찰
(3) 작성
(4) 자료
(5) 상황

[내용 확인하기]
④

[기능 확인하기]
②

📖 2과 협동 학습 하기

〈학습하기 1〉
[어휘 확인하기]
(1) 제안
(2) 발표
(3) 구분
(4) 근거
(5) 관련

[내용 확인하기]
④

[기능 확인하기]

	제안하는 표현이 들어간 문장	제안의 근거
안나	A 도시를 소개하는 게 어때?	여기에서 A 도시까지 거리도 가까우니까 우리가 직접 가 볼 수 있어. 직접 체험해 보면서 발표 자료를 준비하면 좋을 것 같아.
정호	B 도시에 대해서 하면 좋겠어.	다음 단원의 주제가 '문화'니까 문화에 대해 알아 두면 나중에 큰 도움이 될 거야.
와니	C 도시에 대해서 하면 어떨까?	인터넷에서 C 도시가 환경 문제를 어떻게 해결했는지 관련 자료를 쉽게 찾을 수 있어. 발표할 때 그 자료들을 활용할 수 있을 거야.

〈학습하기 2〉
[어휘 확인하기]
(1) 동의
(2) 조사
(3) 집중
(4) 범위
(5) 논의

[내용 확인하기]
④

[기능 확인하기]
④

▨ 3과 보고서 쓰기

〈학습하기 1〉

[어휘 확인하기]

(1) 대표

(2) 삭제

(3) 정책

(4) 요약

(5) 반복

[내용 확인하기]

(1) O

(2) O

(3) X

(4) O

[기능 확인하기]

①, ③

[활동하기]

예) -중요한 단어: 베스트셀러, 많이 팔린 책, 좋은 작
품, 많은 독자

　-요약문: (많은 독자)가 선택한 책인 (베스트셀러)
는 좋은 작품이라고 할 수 있다.

〈학습하기 2〉

[어휘 확인하기]

(1) 영향

(2) 전달

(3) 전략

(4) 완성

(5) 추가

[내용 확인하기]

①

[기능 확인하기]

④

[활동하기]

예) 기후는 주거 생활에 여러 가지 영향을 미친다. 한
국의 마루와 온돌처럼 세계 여러 나라에는 기후의 영

향을 받아 생긴 주거 문화가 있다. 예를 들
어 알래스카는 1년 중 대부분이 눈과 얼
음으로 덮여 있어서 나무가 자라지 못하
는 기후이다. 이러한 기후의 특성으로 알
래스카 사람들은 얼음과 눈을 이용하여 만
든 집인 이글루에서 생활한다.

또 다른 예로 몽골은 비가 거의 오지 않
고 하루 동안의 기온 변화가 큰 편이다. 몽
골 사람들은 햇볕에 말려서 만든 흙벽돌
로 지은 집이나 천막식 이동 주택인 게르
에서 생활한다. 동남아시아의 경우에는 온
도가 높고 강수량이 많아서 열을 피해 만
든 수상 가옥이 대표적인 주거 형태이다.

이처럼 기후는 우리의 주거 생활에 영향
을 미쳐 나라마다 주거 형태와 특징 등
이 모두 다르게 나타난다.

▨ 4과 모둠 활동 하기

〈학습하기 1〉

[어휘 확인하기]

(1) 판단

(2) 특정

(3) 공유

(4) 기록

(5) 설문

[내용 확인하기]

④

[기능 확인하기]

③

[활동하기]

예) 네덜란드는 장애인들이 대중교통
을 이용할 때 불만이 생기면 즉시 정부 웹
사이트를 통해 민원 신고가 가능하다. 또
한 대중교통 관련 시설 공무원들에게
는 적극적으로 장애인을 돕도록 교육하
고 있다. 그리고 모든 버스가 바닥이 낮
아 휠체어를 탄 사람들이 편리하게 승하
차할 수 있고 소리와 화면을 통해 역을 안

내해 준다. 지하철도 모든 역에 오르막길이 설치되어 있고 승강장과 지하철의 높이가 같아 쉽게 오르내릴 수 있다.

미국의 경우 1990년에 만든 미국 장애인법을 통해 장애인들이 버스, 기차 등 대중교통을 이용할 때 불편 없이 이용할 수 있도록 할 것을 법으로 정해 놓았다. 또한 저상버스가 있고 지하철에는 휠체어를 타고 들어갈 수 있는 비상 입출구가 있다. 현재 미국은 휠체어 사용자가 탑승 가능한 지역 간 버스 100%를 목표로 하고 있다.

방콕은 지하철 3칸에 하나씩 장애인을 위한 별도 공간을 갖추고 있다. 또한 장애인 시설이 있는 전용 칸의 입구는 엘리베이터와 이동 거리가 가장 짧다. 또한 연결 통로도 넓다.

이외에도 현재 호주, 영국, 미국은 휠체어 사용 장애인의 고속버스 접근성을 높이기 위해서 국가에서 관련 법을 만들고 있다고 한다.

〈학습하기 2〉
[어휘 확인하기]
(1) 구성원
(2) 바람직하다
(3) 공동
(4) 원리
(5) 토의

[내용 확인하기]
③

[기능 확인하기]
②, ③

▨ 5과 책 읽기

〈학습하기 1〉
[어휘 확인하기]
(1) 핵심
(2) 독자
(3) 종합
(4) 주의
(5) 수단

[내용 확인하기]
④

[기능 확인하기]
①

[활동하기]
예) 줄임말 사용을 줄이자.

〈학습하기 2〉
[어휘 확인하기]
(1) 제시
(2) 결론
(3) 인정
(4) 추론
(5) 원칙

[내용 확인하기]
(1) O
(2) X
(3) X
(4) O

[기능 확인하기]
④

▨ 6과 필기하기

〈학습하기 1〉
[어휘 확인하기]
(1) 상상
(2) 전개
(3) 요소
(4) 배치
(5) 질서

[내용 확인하기]
③

[기능 확인하기]
예) - 표를 그려서 메모하였다.
　　 - 화살표, 별표 등의 기호를 사용했다.

- 검정색, 파란색, 빨간색 등의 색깔로 중요도를 구분했다.

〈학습하기 2〉

[어휘 확인하기]
(1) 존재
(2) 분류
(3) 공통점
(4) 특징
(5) 성분

[내용 확인하기]
(1) X
(2) O
(3) O
(4) O

[기능 확인하기]
(나) → (가) → (다)

[활동하기]

분류 기준	세모 모양	동그라미 모양
더듬이 모양	1, 3, 5	2, 4

분류 기준	동그라미 모양	오리 입 모양
입 모양	1, 2, 5	3, 4

분류 기준	있음	없음
무늬	2, 3, 5	1, 4

분류 기준	있음	없음
수염	1, 2, 4	3, 5

▨ 7과 복습하기

〈학습하기 1〉

[어휘 확인하기]
(1) 필수적
(2) 속성
(3) 양식
(4) 기술
(5) 적응

[내용 확인하기]
③

[기능 확인하기]
②

[활동하기]

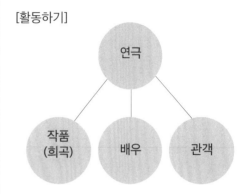

〈학습하기 2〉

[어휘 확인하기]
(1) 작용
(2) 단위
(3) 체계적
(4) 상관
(5) 분석

[내용 확인하기]
(1) X
(2) O
(3) X
(4) O

[기능 확인하기]
③

[활동하기]
- 달의 중력은 지구 중력의 $\frac{1}{6}$ 정도이다.
- 질량이란 장소에 관계없이 변하지 않는 어떤 물체에 포함되어 있는 물질의 양을 말한다.
- 중력의 크기가 변해도 물체의 질량은 변하지 않는다.

▨ 8과 점검하기

〈학습하기 1〉

[어휘 확인하기]

(1) 내부
(2) 진행
(3) 점검
(4) 바탕
(5) 극복

[내용 확인하기]
①

[기능 확인하기]
②

[활동하기]
예) 코가 막힌다, 콧물이 난다, 입맛이 없다, 온몸이 떨
  린다, 열이 난다, 기침을 한다, 기침이 심하다, 근육
  이 아프다, 힘이 없다 등.

〈학습하기 2〉
[어휘 확인하기]
(1) 대립
(2) 공존
(3) 실체
(4) 이론
(5) 논리적

[내용 확인하기]
④

[기능 확인하기]
- 소년/소녀: 대립 관계
- 밥/진지: 유사 관계

[활동하기]

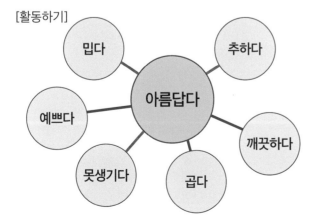

■ 9과 문제 풀기

〈학습하기 1〉
[어휘 확인하기]
(1) 차지
(2) 평균
(3) 강화
(4) 대비
(5) 비율

[내용 확인하기]
①

[기능 확인하기]
① 노후 생활 비용, 증가
② 사회 보장 비용, 증가
③ 사회 안전망, 강화
④ 평균 수명, 높아지다, 주요 원인

[활동하기]
예) 의료 시설을 늘린다.
  노인 일자리를 늘린다.

〈학습하기 2〉
[어휘 확인하기]
(1) 확실히
(2) 기본적
(3) 표시
(4) 완벽
(5) 출처

[내용 확인하기]
①

[기능 확인하기]
계산 실수

■ 10과 발표하기

〈학습하기 1〉
[어휘 확인하기]
(1) 악영향

(2) 관측
(3) 최소화
(4) 방식
(5) 발생

[내용 확인하기]
②

[기능 확인하기]

| | -수량의 적고 많음을 표현
할 때 사용한다. |
| | -전체에 대한 항목의 비율을 표현
할 때 사용한다 |

[활동하기]
예)

■ 교통 체증 ■ 대중교통의 불편
■ 주차불편   ■ 대기오염

〈학습하기 2〉
[어휘 확인하기]
(1) 연관
(2) 현황
(3) 시스템
(4) 대응
(5) 규모

[내용 확인하기]
③

[기능 확인하기]
①

[활동하기]
예) 목차
　　태풍의 원인
　　태풍의 피해
　　태풍의 피해 특성
　　태풍 피해 예방 방법

11과 토론하기

〈학습하기 1〉
[어휘 확인하기]
(1) 갈등
(2) 동등
(3) 입장
(4) 살펴보
(5) 토론

[내용 확인하기]
④

[기능 확인하기]
예) - 집에서 급한 연락이 올 수도 있습니다. 휴대 전
　　화를 금지한다면 이럴 때 어떻게 해야 할까요?

[활동하기]
예) (1) 저는 결혼도 중요하지만 가족이 먼저라고 생
　　　각합니다. 좋아하는 남자와 결혼하는 것도 중
　　　요하지만 가족이 반대하는 결혼을 하게 되
　　　면 항상 행복하지는 못할 것 같습니다.
　　(2) 가족이 원하면 좋아하지 않는 남자와 결혼
　　　도 할 수 있다는 것입니까?

〈학습하기 2〉
[어휘 확인하기]
(1) 보존
(2) 추측
(3) 반박
(4) 통계
(5) 개발

[내용 확인하기]
①

[기능 확인하기]
④

[활동하기]
예) (진위 확인하기 질문)
　　학생들을 대상으로 설문 조사한 결과를 주장

정답

의 근거 자료로 활용했습니다.
1) 그런데 몇 명의 학생을 대상으로 조사한 자료
입니까?
2) 이 자료의 출처는 어디입니까?
3) 이 자료는 최신 자료입니까?

(반론)
선의의 거짓말이 상대방에게 행복과 희망을 줄 수 있
다고 했습니다. 하지만 좋은 의도로 하는 거짓말이어
도 상대방을 속이는 일이기 때문에 결코 옳다고 말
할 수 없습니다.

▨ 12과 실험하기

〈학습하기 1〉
[어휘 확인하기]
(1) 확보
(2) 인용
(3) 정기적
(4) 적합
(5) 실험

[내용 확인하기]
③

[기능 확인하기]
②, ④

[활동하기]
예) - 사례를 수집하거나 통계 자료를 분석한다.
   - 직접 현장에서 우유 판매량을 확인하거나 판
     매 통계 자료를 확보하여 분석한다.
   - 사례를 수집하거나 통계 자료를 분석한다.

〈학습하기 2〉
[어휘 확인하기]
(1) 측정
(2) 절차
(3) 현상
(4) 억제
(5) 방지

[내용 확인하기]
③

[기능 확인하기]
③, ④

[활동하기]
-고체: 흐르는 성질이 없다. 예) 얼음, 설탕, 소금 등
-액체: 용기에 따라 모양이 변하지만, 부피는 변하
 지 않는다. 예) 물, 주스, 기름 등
-기체: 흐르는 성질이 있다.

▨ 13과 평가받기

〈학습하기 1〉
[어휘 확인하기]
(1) 형식
(2) 종류
(3) 우수
(4) 생성
(5) 가능

[내용 확인하기]
②

[기능 확인하기]
②

〈학습하기 2〉
[어휘 확인하기]
(1) 경험
(2) 지시
(3) 수정
(4) 통일성
(5) 적절한

[내용 확인하기]
④

[기능 확인하기]
① 이 부분을 삭제한다. 왜냐하면 버스를 기다리는 이
   야기는 현재 주제인 백일장에 참가하는 날과 맞

지 않기 때문이다.
② 이번 백일장의 주제는 노래였다. 주제가 어려웠지만 나는 주인공을 내 이름으로 정하고 수필을 써 내려갔다.
→ 글의 흐름을 보았을 때 주제가 먼저 제시된 후 주제의 난이도에 대해 이야기를 할 수 있기 때문에 순서를 변경해야 한다.

[활동하기]
- '나는 학교에서 매일 노래 연습을 했다': 글의 흐름에 맞지 않은 내용이므로 삭제한다.
- '대회 무대는 정말 크고 아름다운 장소였다': 무대의 아름다움은 글의 흐름에 맞지 않은 내용이므로 삭제한다.
- '참가자는 모두 20명이었다.' 뒤에 '내 번호는 10번이었다.'를 써야 자신의 번호가 몇 명 중에 10번이었는지를 알 수 있게 되므로 자리를 바꾼다.

▨ 14과 예습하기

〈학습하기 1〉
[어휘 확인하기]
(1) 예측
(2) 발견
(3) 심각성
(4) 영향력
(5) 특이

[내용 확인하기]
(1) X
(2) O
(3) O
(4) X

[기능 확인하기]
①

[활동하기]
예) 소년과 소녀가 개울을 건너고 있어요. 소나기가 그친 뒤라서 물이 불어나 있어요. 그래서 소년이 소녀를 등에 업어요. 소년이 소녀를 좋아하는 것 같아요. 그래서 소녀의 발이 젖을까 봐 소녀를 업어 줘요. 이 책은 소년이 소녀를 짝사랑하는 이야기인 것 같아요.

〈학습하기 2〉
[어휘 확인하기]
(1) 동일
(2) 형성
(3) 요구
(4) 명료화
(5) 의문

[내용 확인하기]
(1) X
(2) X
(3) O
(4) O

[기능 확인하기]
①, ②, ④

[활동하기]
예) 시험 공부를 열심히 했는데 실수로 한 단원을 빼놓고 공부했다. 그런데 시험 문제가 공부를 안 한 단원에서 많이 나와 시험 점수가 안 좋았다.

▨ 15과 체험하기

〈학습하기 1〉
[어휘 확인하기]
(1) 최대한
(2) 우려
(3) 일정
(4) 해석
(5) 의사소통

[내용 확인하기]
③

[기능 확인하기]
(1) O
(2) X
(3) X

(4) O
(5) O

[활동하기]
예) 남학생이 꽃처럼 활짝 웃고 있어요. 얼룩말과 같은 느낌의 줄무늬 티셔츠를 입고 있어요. 눈썹은 연필로 칠한 것처럼 새까맣고 눈은 작아요. 코는 작지만 오뚝한 편이에요. 입은 하마처럼 크고 얼굴은 검은콩처럼 까만 편이에요. 얼굴 모양은 달걀을 닮았어요. 귀가 크고 머리는 파마한 것처럼 곱슬거리는 곱슬머리예요.

〈학습하기 2〉
[어휘 확인하기]
(1) 명시
(2) 기술
(3) 고정
(4) 분야
(5) 객관적

[내용 확인하기]
④

[기능 확인하기]
③

[활동하기]
예) -자신이 자신 있는 분야이기 때문에 더 잘할 수 있다.
　　-보람을 느낄 수 있다.
　　-자신의 재능을 향상시키는 계기가 되기도 한다.

▨ **16과 학습 반응하기**

〈학습하기 1〉
[어휘 확인하기]
(1) 나열
(2) 선호
(3) 상대적
(4) 사회적
(5) 만족도

[내용 확인하기]
③

[기능 확인하기]
③

[활동하기]
예)
(1) 교사
(2) 능력 발휘, 사회적 인정, 안정성
(3) -교사는 자신이 맡은 수업 시간에 능력을 최대한 발휘할 수 있다. 그런데 일반 회사와 달리 승진을 할 수 있는 다양한 직급은 없다.
　　-교사라는 직업은 사회적으로 인정을 받을 뿐만 아니라 여러 직업 중 대표적인 안정적인 직업 중 하나이다.

〈학습하기 2〉
[어휘 확인하기]
(1) 밀접
(2) 적용
(3) 실용성
(4) 확률
(5) 유용한

[내용 확인하기]
④

[기능 확인하기]
④

[활동하기]
예) 소통, 능력을 중시하는 인재 등용 원칙, 애민 정신

어휘 색인

[학습 도구 어휘]

1과 학습하기 1
가치
고려하다
과정
구체적
달성
드러내다
명확하다
설정하다
세부
예상하다
제출하다
주제
중요성
해결

1과 학습하기 2
관계
관찰하다
기준
다양성
도구
사항
상황
수집하다
일시
자료
작성하다
탐구
활동

2과 학습하기 1
관련
구분하다
근거
단원
발표

설치하다
의견
제안하다
주장하다
표현
활용하다

2과 학습하기 2
논의하다
대상
동의하다
범위
요청하다
일치되다
정보
조사하다
조정하다
집중하다
차이
타당성
합리성

3과 학습하기 1
대표하다
반복되다
사회
삭제하다
요약하다
정책
중략

3과 학습하기 2
사례
영향
완성도
전달하다
전략

정교화하다
추가하다

4과 학습하기 1
공유하다
기록
다수
사실성
설문
시각
이동
태도
특정
판단하다
현장

4과 학습하기 2
공동
관심사
구성원
만족하다
바람직하다
원리
일상생활
집단
토의하다

5과 학습하기 1
개인적
독자
발전하다
발휘하다
보완하다
수단
종합하다
주의하다
추구하다

측면
파악하다
핵심

5과 학습하기 2
결론
원칙
유추
인과
인정하다
일반적
제시하다
참
추론하다

6과 학습하기 1
공간
독특하다
마무리
배경
배치하다
삶
상상하다
시대
요소
전개되다
질서
현실
효과적

6과 학습하기 2
공통점
분류하다
성분
성질
존재하다
차이점

특징

7과 학습하기 1
개념
관념
기술
문자
물질적
부가
속성
안정
양식
유지하다
적응하다
제도
필수적

7과 학습하기 2
단위
분석하다
사물
상관
위치
작용하다
체계적

8과 학습하기 1
극복하다
내부
바탕
심리적
양상
점검
진행되다

8과 학습하기 2
공존

기능적
논리적
대립
모순
변화
사실적
실체
유형
이론
필연적

9과 학습하기 1
강화하다
단서
대비하다
방안
변동
보장
비율
소재
장려하다
지원하다
차지하다
평균
해당
확대하다

9과 학습하기 2
기본적
오류
완벽하다
유형별
응용력
출처
표시하다
확실히

어휘 색인

[학습 도구 어휘]

어휘 색인

문법 색인

1과 학습하기 1

-으니
정의 앞 내용이 뒤 내용에 대한 이유나 원인, 판단의 근거임을 나타내는 연결 어미.
예 오랜만에 영화를 보니 정말 재미있었다.

1과 학습하기 2

에 따라
정의 어떤 상황이나 사실, 기준에 의거함을 나타내는 표현.
예 그 사람은 그날그날 기분에 따라 행동하는 것이 많이 다르다.
정보 '에 따라서'로 사용하기도 하고, 뒤에 오는 명사를 수식하는 구성으로 '에 따른'을 사용하기도 한다.

에 대해
정의 앞의 내용이 뒤의 상황이나 행동의 대상이 됨을 나타내는 표현.
예 인터넷으로 전통 문화에 대해 찾아보고 있어요.
정보 '에 대하여', '에 대해서'로 사용하기도 한다. 뒤에 오는 명사를 수식하는 구성으로 '에 대한'으로 사용하기도 한다. 구어보다는 문어에 많이 사용되고, 구어에 사용될 경우에는 격식적인 상황이나 공식적인 상황에서 주로 사용된다.

2과 학습하기 1

-으며
정의 두 가지 이상의 동작이나 상태가 함께 일어남을 나타내는 연결 어미.
예 최근 게임을 하며 식사를 하는 아이들이 늘어나고 있습니다.

3과 학습하기 2

에 비해
정의 앞에 오는 말과 비교해서 뒤의 내용과 같은 결과

가 있음을 나타내는 표현.
예 노력에 비하여 얻은 것이 적다.
정보 '에 비하여', '에 비해서', '에 비하면'으로 사용하기도 한다.

4과 학습하기 2

-음
정의 앞의 말이 명사의 기능을 하게 하는 어미.
예 통신이 발전함에 따라 이제는 외국에 있는 사람과도 쉽게 연락할 수 있다.
정보 'ㄹ'을 제외한 받침 있는 동사와 형용사 또는 '-었-', '-겠-' 뒤에 붙여 쓴다.

5과 학습하기 1

으로써
정의 앞에 오는 말이 뒤에 오는 말의 이유가 됨을 나타내는 조사.
예 내일은 태풍이 지나감으로써 폭우가 쏟아지고 강풍이 불겠습니다.
정보 '-음으로써'로 쓴다.

5과 학습하기 2

-으므로
정의 원인이나 이유를 나타내는 연결 어미.
예 정말 최선을 다했으므로 더 이상 아쉬움은 없다.

10과 학습하기 2

-고자
정의 말하는 사람이 어떤 목적이나 의도, 희망 등을 가지고 있음을 나타내는 연결 어미.
예 남에게 존중을 받고자 한다면 먼저 상대방을 존중해야 한다.
정보 '있다', '없다', '계시다', 동사 또는 '-으시-' 뒤에 붙

여 쓴다.

11과 학습하기 1

-으십시오

정의 (아주높임으로) 듣는 사람에게 어떤 일을 정중하게 명령하거나 권유함을 나타내는 종결 어미.

예 모두 조용히 하시고 제 말을 잘 들으십시오.

12과 학습하기 1

-으나

정의 앞에 오는 말과 뒤에 오는 말의 내용이 서로 다름을 나타내는 연결 어미.

예 제가 할 수 있을지는 모르나 열심히 해 보겠습니다.

담당 연구원

정혜선 국립국어원 학예연구사
박지수 국립국어원 연구원

집필진

책임 집필 심혜령(배재대학교 한국어문학과 교수)

공동 집필

내용 집필	내용 검토
박석준(배재대학교 한국어문학과 교수)	조영철(인천담방초등학교 교사)
오현아(강원대학교 국어교육과 교수)	김형순(인천한누리학교 교사)
이선중(경희대학교 국제교육원 객원교수)	
황성은(배재대학교 글로벌교육부 교수)	
김윤주(한성대학교 크리에이티브인문학부 교수)	
문정현(배재대학교 미래역량교육부 교수)	
이미향(영남대학교 국제학부 교수)	
이숙진(강남대학교 어학교육원 강사)	
이은영(전북대학교 언어교육부 강사)	
홍종명(한국외국어대학교 한국어교육과 교수)	

연구 보조원

최성렬(배재대학교 한국어교육학과 박사 과정)	김세정(한남대학교 한국어교육원 강사)
김미영(우석대학교 한국어교육지원센터 강사)	김경미(배재대학교 한국어교육원 강사)
박현경(배재대학교 한국어교육원 강사)	주명진(인천영종고등학교 교사)
이창석(배재대학교 한국어교육원 강사)	김진희(대구북동중학교 교사)

중학생을 위한
표준
한국어
학습 도구

ⓒ 국립국어원 기획 | 심혜령 외 집필

초판 1쇄 인쇄 2019년 2월 25일
초판 3쇄 발행 2023년 6월 8일

기획 국립국어원
지은이 심혜령 외
발행인 정은영
책임 편집 김윤정
디자인 표지 디자인붐/본문 허석원
일러스트 조은혜
사진 제공 셔터스톡
펴낸 곳 마리북스
출판 등록 제2019-000292호
주소 (04037) 서울시 마포구 양화로 59 화승리버스텔 503호
전화 02) 336-0729, 0730
팩스 070) 7610-2870
인쇄 (주)금명문화

ISBN 978-89-94011-06-6 (54710)
         978-89-94011-05-9 (54710) set